VIERUNDNEUNZIGMAL

„AN"

LOCKEN

WILL

„AN"

DOGGEN

HERTALDIS OFFERMANN

VIERUNDNEUNZIGMAL

„AN"

ANLOCKEN WILL ANDOGGEN

Bibliografische Information der Deutschen Nationalbibliothek:

Die Deutsche Nationalbibliothek verzeichnet diese Publikation in der Deutschen Nationalbibliografie; detaillierte bibliografische Daten sind im Internet über http://dnb.dnb.de abrufbar.

Lyrik © 2017 Hertaldis Offermann, Berlin

Herausgeber und Gestaltung:
Ralf Höpfner, Hamburg
Foto © 2017 Hertaldis Offermann, Berlin

Herstellung und Verlag:

BoD – Books on Demand, Norderstedt

ISBN: 978-3-734-76497-4

VORWORT ZU „AN"

JETZT MUSS ICH EINE PAUSE EINLEGEN

WEIL MITMENSCHEN SICH ERNSTHAFT

MIT SPRACHE BESCHWEREN DASS SIE MICH STETS

NUR SCHREIBEND NOCH SEHEN

OBWOHL MIR DABEI ALLE SORGEN VERGEHEN

DOCH DARF ICH MICH NICHT DER LUST SO ERGEBEN

WEIL NIEMALS NUR ZUCKERGUSS IST UNSER LEBEN

LIEBER ZAHLE ICH GLEICH DEN NÖTIGEN PREIS

ZU BEWEISEN

DASS ICH AUCH ANDEREM ACHTUNG ERWEIS

KEINER VERLANGT DAFÜR VON MIR LIEBE

DENN WELCHES OPFER DAS FÜR MICH HEISST

WERDE ICH KEINEM SAGEND VERRATEN

NUR DER DER DAS LIEST AUCH JETZT DAVON WEISS

ICH FÜHLE MICH SICHER VOR INDISKRETION

WEIL INTERESSENGEBIETE SICH SEHR UNTERSCHEIDEN

IN KEINEM DER BÜCHER

WURDE AUCH NUR GEBLÄTTERT

WESHALB ICH GEGEN DAS MURREN

GAR NICHT GEMECKERT

Hertaldis Offermann 27. November 2017

BINDEN

DER BLUMENHÄNDLER WILL IMMER
DIE VERSCHIEDENEN BLUMEN BINDEN
DAMIT SIE ZUSAMMENHALTEN
UND SO ARRANGIERT BLEIBEN
WIE IN SEINER PHANTASIE

MENSCHEN WOLLEN SICH DURCH VERLOBUNG
UND HEIRAT
AUCH VOR DER AUSSENWELT ANEINANDER BINDEN

DIE TOMATENTRIEBE WERDEN WIR
AN HALTEVORRICHTUNGEN ANBINDEN
DAMIT DIE FRÜCHTE NICHT AN DER ERDE LIEGEN
SONNE LUFT BEKOMMEN
UND WIR SIE REIF UNBESCHÄDIGT ERNTEN KÖNNEN

AUCH DAS BOOT WERDE ICH AM STEG ANBINDEN
DAMIT ICH MICH OHNE ANGST
DARIN AUFHALTEN KANN

BLINZELN

PLAGT UNS EIN FREMDKÖRPER IM AUGE
BEGINNEN WIR ZU BLINZELN
WEIL DER KÖRPER VERSUCHT
DURCH TRÄNEN IHN AUSZUSPÜLEN

BLINZELN IST DAS SCHNELLE AUF UND AB
DES AUGENLIDS
EGAL AUS WELCHEM ANLASS

WER HAT SCHON MAL
DEN VERLIEBTEN BLICK GESEHEN
DER NUR NOCH AUS DAHINSCHMELZENDEM
ANBLINZELN BESTEHT

ANBLINZELN IST NICHT MEHR WIRKLICHES SEHEN
SONDERN NUR NOCH EIN NACH INNEN GERICHTETER
AUGENREFLEX MEINE ICH

BEISSEN

OFT BEISSEN WIR AUF DIE ZÄHNE
WEIL WIR UNS SEHR ANSTRENGEN MÜSSEN
UND DIE MUSKELN SICH ALLE ANSPANNEN
OB DA WAS ZWISCHEN DEN ZÄHNEN STECKT
ODER NICHT

MANCHE ANSTRENGUNG JEMAND ZU ÜBERREDEN
IST UMSONST
UND DER VOLKSMUND SAGT:
„DA HAT MAN AUF GRANIT GEBISSEN"

DAS ANBEISSEN IST EINE MANIE
VON MANCHEN LEUTEN
SIE LEGEN ZUM BEISPIEL EIN OBST
NACH DEM ANBEISSEN WEG

ODER ABER WENN ICH EINE VERLOCKUNG
MIR ÜBERLEGE DANN FREUE ICH MICH
WENN DER VERLOCKTE ANBEISSEN WIRD
WIE DER FISCH AN DER ANGEL ANBEISSEN SOLL

BAUEN

SOBALD KLEINE FINGER
BAUSTEINE GREIFEN KÖNNEN
BEGINNEN SIE
SIE ANEINANDER AUSZUPROBIEREN

DAS IST DIE ERSTE PHASE
VON HANDWERKLICHEM BAUEN
DOCH AUCH IN UNSERER VORSTELLUNG BAUEN WIR
PLÄNE FÜR DAS ZUKÜNFTIGE TUN

DABEI IST NICHT SEHR BEDEUTSAM
OB WIR AN TRÄUMEN BAUEN
ODER AN KONKRETEN NOTWENDIGEN
HANDLUNGSSCHRITTEN

ANBAUEN VERKNÜPFT SOFORT ERWEITERN
IN UNSERER VORSTELLUNG

WIR WERDEN NICHT NUR DEN FAHRRADTRÄGER
ANS AUTO ANBAUEN
AUCH DIE VERANDA ANS HAUS
ODER ABER DER BAUER DIE SÜSSGRÄSER
AUF DEN FELDERN
DAMIT WIR NACH DER REIFUNG
DANN MEHL ZUM BACKEN UNSERES BROTES
UND ANDERER KÖSTLICHKEITEN HABEN

BEHALTEN

SCHÜLER ERLEDIGEN HAUSAUFGABEN
UM DEN LERNSTOFF DURCH WIEDERHOLEN
ZU BEHALTEN

WENN WIR INFORMATIONEN HABEN
DIE UNS FÜR SPÄTERE ZEITPUNKTE
WICHTIG ERSCHEINEN
BEHALTEN SIE OFT VORERST NOCH FÜR UNS

GERN BEHALTEN WIR ERINNERUNGEN VON
BESONDEREN REISEN UND HELFEN UNS SELBST
DABEI MIT FOTOGRAFIEN UND MITBRINGSEL

ABER AUCH ERFAHRENE KRÄNKUNGEN
BEHALTEN WIR IN UNSEREN SEELEN ALS WUNDEN

NACH VERLETZUNGEN AM KÖRPER
BEHALTEN WIR OFT AUCH NARBEN ZURÜCK

NACH DEM SCHWIMMEN IM MEER
SOLLTEN WIR DEN BADEANZUG NICHT ANBEHALTEN

ÄRZTE WEREN DIE OP-KLUFT DANACH
NICHT ANBEHALTEN

KONTAMINIERUNGSSCHUTZANZÜGE
WERDEN DIE GEFÄHRDETEN NICHT MEHR UNNÖTIG
ANBEHALTEN

KINDER MÖCHTEN ABER
NACH DER FASCHINGSFEIER
IHRE VERKLEIDUNGSKOSTÜME GERN ANBEHALTEN

KONVENTIONEN GESELLSCHAFTLICHER ART
ZWINGEN UNS OFT
DASS WIR TROTZ UNBEHAGEN
KLEIDUNGSTEILE ANBEHALTEN

BETEN

BETEN KOMMT VON BITTEN
DOCH UM ETWAS BETEN
DAS WIR UNS SELBST NICHT ERFÜLLEN KÖNNEN
BEDINGT DASS WIR ETWAS ANBETEN
EINEN GEDACHTEN ERFÜLLER
DER DIE MACHT HÄTTE

ES WERDEN MENSCHEN ABER
NICHT NUR GÖTTER ANBETEN
DENN INZWISCHEN HABEN SIE SEHR IRDISCHES
AUCH ZU „GÖTTERN" ERHOBEN

SO IST GELD EIN GOTT GEWORDEN
ODER BESONDERS ERFOLGREICHE KÜNSTLER
SPORTLER AUCH POLITIKER
WERDEN DURCH EIN QUASI ANBETEN
DURCH MASSEN IN EINE ABGEHOBENE POSITION
BEFÖRDERT

SOLCH ANBETEN IST ABER IMMER MIT DER
VERLUSTGEFAHR VERBUNDEN

WOBEI DAS ANBETEN GOTTES
EGAL WELCHEN
ERHALTEN BLEIBEN KANN
WEIL ER EH TRANSZENDENT IST
ALSO NICHT GREIFBAR
UND DAMIT AUCH NICHT FALLBAR

BIETEN

WIR BIETEN DEM GEGNER DIE STIRN
ZUM KAMPF
ALSO WIR SCHAUEN IHM INS GESICHT

WIR BIETEN MIT GELDBETRÄGEN
UM BEI VERSTEIGERUNGEN
DAS OBJEKT ZU ERWERBEN

AUCH ENORME KRÄFTE BIETEN WIR AUF
FÜR SELBSTGEWÄHLTE ZIELE

ANBIETEN KANN MAN NICHT NUR SICH SELBST
MIT SEINEN FÄHIGKEITEN UND FERTIGKEITEN
ALSO BESONDEREM KÖNNEN

AUCH KÖRPER BIETEN MANCHE MENSCHEN
ZUR FREMDNUTZUNG AN
SIE BIETEN IHN WIE EINE WARE AN
DIE KÄUFLICH ZU ERWERBEN SEI

VIELE MENSCHEN IM ÖFFENTLICHEN LEBEN
MERKEN NICHT
WIE SIE IHR LEBEN DER ÖFFENTLICHKEIT ANBIETEN
ALS WETZSTEIN FÜR DEREN VORHABEN
IM HINTERGRUND

ALS GALLIONSFIGUREN FUNKTIONIEREN SIE FÜR
IDEEN UND STRÖMUNGEN UND BIETEN SICH DER
ÖFFENTLICHKEIT
UM DIESE MEISTBIETEND ZU VERKAUFEN

BRECHEN

BRECHEN IST IMMER DAS ABRUPTE ZERSTÖREN
EINES BIS DAHIN GANZEN

OB WIR SCHOKOLADE BRECHEN ODER BROT
IST KEIN UNTERSCHIED

WENN WIR BEI EINEM UNFALL
UNS DIE KNOCHEN BRECHEN
MUSS EINE BEHANDLUNG ERFOLGEN
WEIL DABEI DAS ZUSAMMENWACHSEN
ERWÜNSCHT IST

DAS GEBROCHENE BROT SOLL NICHT WIEDER
ANWACHSEN SONDERN IM MUND LANDEN

IST DER MORGEN ANGEBROCHEN
KOMMT DER TAG IMMER NÄHER
UND VERGEHT BIS DER ABEND WIEDER ANBRICHT

FORSCHER ERWARTEN MIT UNGEDULD
DAS ANBRECHEN EINER FORSCHUNGSREISE

ENTWICKLUNGSPHASEN UND PERIODEN
BRECHEN AN
WENN DIE ENTWICKLUNG DAFÜR REIF IST

SO WIE BEI MEINEM KATER EBEN EINE SPIELPHASE
ANGEBROCHEN IST UND ER MICH STETIG ÄRGERT

BRENNEN

BRENNEN KÖNNEN HERZEN FÜR EINEN MENSCHEN
ODER EINE IDEE ODER EINE AUFGABE

BRENNEN KÖNNEN MATERIALIEN
DER VERSCHIEDENSTEN ART
WENN SIE DIE HAUT BERÜHREN

BRENNEN IST ABER AUCH DIE VORAUSSETZUNG
FÜR DIE ERZEUGUNG DER WÄRME IN RÄUMEN
ODER BEI PRODUKTIONSABLÄUFEN
OB GAS ÖL ODER KOHLE DAFÜR BENUTZT WIRD
IST ZUNÄCHST NICHT WICHTIG

ALLEM VERBRENNEN MUSS ABER
EIN ANBRENNEN VORAUSGEHEN
GANZ IM GEGENSATZ DAZU FÜRCHTET JEDE
HAUSFRAU DAS ANBRENNEN BEIM KOCHEN

ABER NICHT ANBRENNEN LASSEN
FORDERT ZUM SCHNELLEN ENTSCHLOSSENEN
HANDELN AUF

DAMIT DER BEGONNENE ANNÄHERUNGSPROZESS
JA NICHT WIEDER ERKALTET

BRINGEN

WIR BRINGEN MÜHEN UND KRÄFTE AUF
UM UNSERE ZIELE ZU ERREICHEN

ABFALL BRINGEN WIR AUS DER WOHNUNG
WIE DEN EINKAUF NACH HAUSE

KINDER BRINGEN WIR ZU ALLEN MÖGLICHEN ORTEN
AUTOS IN DIE REPARATURWERKSTATT
WIE SPARGELD AUFS KONTO

BLUMEN BRINGEN WIR LEBENDEN
ABER AUCH VERSTORBENEN AUF DAS GRAB

ANBRINGEN WIRD DER ARZT SEIN SCHILD
AN SEINER PRAXIS
DAMIT ALLE WISSEN WOBEI ER HELFEN WILL
UND NATÜRLICH AUCH MIT WELCHEM BERUF ER
SEIN GELD VERDIENT

IN EINER DISKUSSION EINEN EINWAND ANBRINGEN
KANN MANCHMAL DIE RICHTUNG ÄNDERN

WIE AUCH DIE BILDER DIE WIR AN DEN WÄNDEN
ANBRINGEN DEN FLAIR EINES RAUMES
BEEINFLUSSEN

BRÜLLEN

EINE BESTIMMTE AFFENART HAT DURCH
IHR BRÜLLEN IHREN NAMEN ERWORBEN
DIE BRÜLLAFFEN

DURCH ÜBERMÄSSIG LAUTES RUFEN
KOMMT ES ZUR BEZEICHNUNG BRÜLLEN

OFT SIND DIE WORTE FÜR DIE KOMMUNIKATION
GAR NICHT MEHR BEDEUTSAM
WEIL DAS BRÜLLEN SICH FÜR JEDEN
ALS BEDROHUNG MITTEILT
ODER ABER ALS AKUTER NOTRUF

MENSCHEN DENEN ARGUMENTE IN SPRACHFORM
FAST AUSGEHEN
BEGINNEN SICH ANZUBRÜLLEN
UM IHRER FORDERUNG ODER VERACHTUNG
NACHDRUCK ZU VERLEIHEN

BEI MANCHEN NIMMT DAS ANBRÜLLEN
SOLCH EIN AUSMASS AN
DASS DIE STIMMORGANE MIT HEISERKEIT
ODER VERSAGEN REAGIEREN

DECKEN

WIR LASSEN BESTIMMTE TIERRASSEN
KONTROLLIERT DECKEN
WEIL BESTIMMTE ZUCHTMERKMALE
ERWÜNSCHT SIND

OB PFERDE HUNDE KANINCHEN
ALLE WERDEN WIR DECKEN LASSEN
NACH VOM MENSCHEN BEOBACHTETEN
GEWOLLTEN MERKMALEN

ALLE TIERE DER WELT DECKEN IHREN
NACHWUCHSAUFTRAG IN NATÜRLICHER
UMGEBUNG DURCH VORGEGEBENE RITUALE

BENUTZEN WIR ROUGE ODER ANDERE SCHMINKE
DECKEN WIR DAMIT NATÜRLICHES
UND VERÄNDERN UNSER AUSSEHEN KÜNSTLICH

SPARGELBAUER DECKEN PLANEN
AUF IHRE ANBAUFELDER
DAMIT ERST DURCH DIE DUNKLEN
DIE SONNE SICH INTENSIVER SAMMELT
UND SPÄTER UNTER DEN HELLEN PLANEN
DER SPARGEL LANGSAM WEITER WÄCHST

BEIM TISCH DECKEN MÜSSEN KELLNER
DIE NÖTIGEN GLÄSER TELLER BESTECKE
FÜR DIE ZU SERVIERENDEN
GETRÄNKE UND SPEISEN
ANDECKEN WENN SIE BEIM EINDECKEN
ETWAS VERGESSEN HABEN

DREHEN

SIEHST DU MENSCHEN
DIE DIE DAUMEN DREHEN
DEN EINEN UM DEN ANDEREN
VERMUTEST DU DASS SIE LANGE WEILE HABEN

ICH HABE MICH SELBST
SCHON OFT DABEI ERWISCHT
WENN ICH ZU LANGE AN EINER AMPEL
IM AUTO WARTEN MUSSTE

WER KENNT NICHT DAS AUGEN DREHEN
WENN DIE UNGEDULD VON DIR BESITZ ERGREIFT
OB NACH OBEN ODER VON LINKS NACH RECHTS
ODER RUNDHERUM

FRISEURE DREHEN DIE HAARE
UM DIE LOCKENWICKLER UM NACH DEM TROCKNEN
DIE DREHUNGEN IM HAAR WIEDER ZU ENTDECKEN

ICH LASSE MIR NICHT GERN ALTES BROT ANDREHEN
WIE ICH AUCH WACHSAM BEI FLEISCH OBST UND
GEMÜSE SEIN SOLLTE

BESONDERS VORSICHTIG MUSS MAN BEIM KAUF
VON GEBRAUCHTEM SEIN
DASS SIE NICHT UNNUTZBARES KREMPELZEUG
ODER GAR UNFALLFAHRZEUGE EINEM ANDREHEN

DRÜCKEN

SCHUHE KÖNNEN SCHMERZEND DRÜCKEN
WIE SORGEN AUFS GEMÜT KÖNNEN DRÜCKEN

ABER VOR UNANGENEHMEN ARBEITEN
WERDEN WIR UNS SO LANGE WIE MÖGLICH
DRÜCKEN

STARS DRÜCKEN IHRE HÄNDE IN DEN ZEMENT UM
DAUERHAFT SICH ZU VEREWIGEN

KINDER DRÜCKEN OFT IHRE NASEN
AN FENSTERSCHEIBEN
WENN DAHINTER WAS LECKERES LUSTIGES
ODER BEGEHRTES ZU SEHEN IST

DEN TEIG AUF DEM BACKBLECH MUSS ICH
ANDRÜCKEN
WIE AUCH DEN RASENSAMEN AN DIE OBERERDE

SELBST DEN RABATTCOUPON DEN WARENKETTEN
VERSCHENKEN MUSS ICH AUF DIE GEWÜNSCHTE
WARE MIT DEM GEWÜNSCHTEN RABATT
ANDRÜCKEN

FLEHEN

FLEHEN IST EIN EINDRINGLICHES
DURCH GESTEN UNTERSTÜTZTES
OFT AUCH MIT BESTIMMTER TONLAGE
VORGEBRACHTES BETTELN

MANCHE KINDER HABEN BEIM FLEHEN
EINE ENORME FERTIGKEIT DIE ELTERN IN
GESCHÄFTEN ZU BLAMIEREN

DAS DRINGENDE ERSUCHEN FINDET BEI ERNSTEN
GESPRÄCHEN OFT SEINEN AUSDRUCK IM SATZ
„ICH FLEHE DICH AN"

ALSO DAS ANFLEHEN IST EINE INNERE NOT
DIE INSTÄNDIG ZUM BEISPIEL
UM EIN NICHTWEITERGEBEN VON INFORMATIONEN
BETTELT

ODER ABER AUCH UM DIE ERLEDIGUNG EINER
UNANGENEHMEN ARBEIT

FLEHEN IST MEHR ALS BITTEN UND ANFLEHEN
VERRÄT DIE DRINGLICHKEIT

FÜGEN

ES WIRD SICH FÜGEN

BERUHIGEN UNS OFT FREUNDE

WENN WIR ÄNGSTLICH UND UNSICHER SIND

WIR FÜGEN IN UNSEREM GEIST

EINEN GEDANKEN AN DEN ANDEREN

DIESES VERTRAUEN

DASS EINS ZUM ANDEREN PASSEN WIRD

VERBINDEN WIR MIT DEM WORT

FÜGEN

DAS ANFÜGEN BEDEUTET EINE SINNREICHE
ERGÄNZUNG
ZU EINER DARLEGUNG ODER ERKLÄRUNG

ETWAS NOCH NICHT ERWÄHNTES
ERSCHEINT WICHTIG
MEIST ABER IM GEISTIGEN
ODER SCHRIFTLICHEN RAHMEN

IM TECHNISCHEN BEREICH GENÜGT OFT
EIN ANFÜGEN NICHT

FÜHLEN

FÜHLEN KANN MAN NICHT NUR
MIT DEM SINNESORGAN HAUT

DER GANZE ORGANISMUS KANN FÜHLEN
WENN EINE FEINDLICHE STIMMUNG
ODER AUSSENWELT IHN UMGIBT

DAS FÜHLEN EINER GEFAHR IST OFT NICHT
DAS VERRECHNEN ÄUSSERER INFORMATIONEN
SONDERN DAS SENSITIVE SEELISCHE EMPFINDEN

OBWOHL MENSCHEN DIR FREUNDLICH
INS GESICHT LÄCHELN
ERFÜHLST DU MANCHMAL DIE EISIGE FEINDSCHAFT

ANFÜHLEN MÖCHTE MAN STOFFE
UND MATERIALIEN
OB SIE ANGENEHMES EMPFINDEN AUSLÖSEN

WIR MÖCHTEN MANCHES ERLEBNIS HABEN
NUR UM ZU WISSEN WIE ES SICH ANFÜHLEN WÜRDE

BEI VIELEN MITLEIDSENTÄUSSERUNGEN
SAGEN WIR ZWAR
ICH WEISS WIE SICH DAS ANFÜHLT
DOCH IN DEN SELTENSTEN FÄLLEN IST DAS
MÖGLICH

NUR WER WIRKLICH ÄHNLICHES ERLEBT HAT
KANN SICH DEM ANFÜHLEN NÄHERN
DOCH NIEMALS GENAU WISSEN
WIE ES SICH FÜR DEN EINZELNEN
IN DIESEM MOMENT ANFÜHLT

FORDERN

VOM ERSTEN MOMENT UNSERES LEBENS
VERFÜGEN WIR ÜBER DIE EIGENSCHAFT
DES FORDERN

DURCH SCHREIEN FORDERT DER SÄUGLING
NAHRUNG   PFLEGE   ZUWENDUNG
SPÄTER ZEIGEN UNS AUCH
AUSGESTRECKTE ÄRMCHEN
DIE FORDERUNG

DANACH RUTSCHT DIE FORDERUNG IN DIE SPRACHE
„ICH WILL"
SO GEHT ES IMMER WEITER
BIS IN DEN SPRACHLOSEN FORDERNDEN BLICK

BESTIMMTE ARTIKEL KANN MAN ANFORDERN

EBENSO WIE DIENSTLEISTUNGEN

BERICHTE RESULTATE BELEGE

KANN MAN ANFORDERN

ORDNUNGSKRÄFTE KÖNNEN

VERSTÄRKUNG ANFORDERN

WIE ERSTHELFER OFT KRANKENWAGEN

ANFORDERN

KRIEGFÜHRENDE ARMEEN

WERDEN VERSTÄRKUNG ANFORDERN

WENN IHRE KRÄFTE BEGINNEN ZU SCHWINDEN

FASSEN

KLEINE KINDER FASSEN MIT DER GANZEN HAND
NACH DER SCHOKOLADE ODER DEM BONBON

SIE FASSEN AUCH IN DIE PUDDINGSCHALE
EINFACH SO
UND BESEHEN SICH DANACH ERSTAUNNT
DIE KLEBRIGEN FINGER

DROHT ETWAS HERUNTER ZU FALLEN
FASSEN WIR SEHR RASCH NACH DEM GEGENSTAND

DIE ENDEN EINER SCHNUR FASSEN WIR
UM SIE MITEINANDER
ZUM BEISPIEL BEIM PAKETVERPACKEN
ZU VERKNOTEN

DAS ANFASSEN WIRD ALLERDINGS OFT VERBOTEN
IN MUSEEN ODER BEI ANDEREN AUSSTELLUNGEN
WEISEN OFT SCHILDER
AUF DAS „ANFASSEN VERBOTEN" HIN

WUNDEN DIE NOCH NICHT VERSORGT SIND
MÜSSEN DURCH VERBINDEN VOR DEM ANFASSEN
GESCHÜTZT WERDEN

DIE ERSTE BEGEGNUNG
ZWISCHEN FREMDEN MENSCHEN
WIRD OFT DURCH DAS ANFASSEN DER HÄNDE
IN EINE ETWAS VERTRAUTERE ATMOSPHÄRE
GEFÜHRT

WER ERINNERT SICH NICHT DES ERSTEN ANFASSENS
BEI EINER BEGINNENDEN LIEBESBEZIEHUNG

FÜHREN

PILOTEN FÜHREN EIN FLUGZEUG
WIE LOKFÜHRER DIE ZUGMASCHINEN
VON EISENBAHNEN FÜHREN

STEUERBEAMTE FÜHREN DIE
WIRTSCHAFTSPRÜFUNG DURCH
UM DIE RECHTMÄSSIGKEIT ZU BELEGEN

RECHTSCHAFFENDE MENSCHEN FÜHREN EIN LEBEN
BEI DEM SIE VERSUCHEN NIEMAND SCHADEN
ZUZUFÜGEN

TRAGEN WIR VERANTWORTUNG FÜR ANDERE
FÜHREN WIR SIE UM GEFAHRENQUELLEN HERUM

DER GRÖSSTE SPASS FÜR KINDER WENN SIE ANDERE
OB GROSS ODER KLEIN ANFÜHREN KÖNNEN
DIE FREUDE ÜBER DIE GEPLANTE TÄUSCHUNG IST
OFT SEHR GROSS

IM GEGENSATZ DAZU STEHT DAS NOTWENDIGE
ANFÜHREN BEI EINEM FELDZUG ODER EINER
GEFÄHRLICHEN EXKURSION

DAS ANFÜHREN VERLANGT BESONDEREN MUT
UND BESONDERE FÄHIGKEITEN UND FERTIGKEITEN

DIE FÄHIGKEIT ZUM ANFÜHREN SOLLTE MAN IN
SICH SELBST SPÜREN
NUR DANN WIRD SIE AUCH MIT ACHTSAMKEIT
SORGFALT UMSICHT UND GENÜGENDEM RESPEKT
VOR SITUATIONEN AUSGEFÜHRT

SCHIEBEN GRUPPEN EINEN NACH VORN
DASS ER ANFÜHREN SOLL
MISSBRAUCHT DIESE OFT DIESE POSITION UM
VORTEIL FÜR SICH SELBST HERAUSZUSCHLAGEN

FLIEGEN

SCHÜLER DIE GEGEN REGELN
UNBELEHRBAR VERSTOSSEN
FLIEGEN VIELLEICHT VON DER SCHULE

KRANICHE FLIEGEN IM HERBST IN WARME GEBIETE
UND MAHNEN UNS UNSERE TRÄUME
ZU VERWIRKLICHEN UND SIE NICHT AUFZUGEBEN

DROHNEN FLIEGEN HEUTE ZU
ERKUNDUNGSZWECKEN ÜBER UNWEGSAMES
GELÄNDE

AUCH HELFEN GERÄTE DURCH FLIEGEN ÜBER
UNBEGEHBAREN ODER UNÜBERSICHTLICHEN
GEBIETEN VERMISSTE MENSCHEN DURCH
WÄRMESENSOREN ZU ORTEN

BESONDERE SORGFALT WIRD

DIE FLUGZEUGBESATZUNGSMANNSCHAFT

WALTEN LASSEN

WENN SIE DEN FLUGHAFEN ANFLIEGEN

GLASWÄNDE WERDEN OFT MIT VOGELATTRAPPEN

BEKLEBT

DAMIT VÖGEL SIE NICHT ANFLIEGEN UND SCHADEN

NEHMEN

SEHEN WIR EINE   MÜCKE   WESPE   BIENE

UNS ANFLIEGEN

ZIEHEN WIR ENTWEDER

DEN KOPF EIN

DIE HAND WEG

ODER

BEWAFFNEN UNS ZUM GEGENSCHLAG

FRIEREN

FRIEREN IST NICHT NUR EIN KÖRPERLICHES
ALSO PHYSISCHES GEFÜHL

MENSCHEN KÖNNEN SOGAR
MITTEN IN EINER MENSCHENGRUPPE
BEI NORMALEN TEMPERATUREN FRIEREN
WENN SIE SICH
IN EINER GANZ ANDEREN GEISTESWELT
ODER
IN ANDERER POLITISCHER GESINNUNG
ZU HAUSE FÜHLEN

MANCHMAL LÖST SCHON EINE BEMERKUNG
DAS UNBEHAGEN AUS
DAS UNS ALS SEELISCHES FRIEREN
ALS EINSAMKEIT
BEKANNT IST

IM TIEFEN WINTER BEI EISIGEN TEMPERATUREN
SOLLTE MAN EISEN / METALLGEGENSTÄNDE NICHT
OHNE HANDSCHUHE ANFASSEN
WEIL UNSERE FINGER
DURCH UNSERE KÖRPERTEMPERATUR
SOFORT ANFRIEREN

AUCH TIERE FRIEREN AN DER ERDE AN
SO MUSSTE ICH MAL EINE ENTE NOTSCHLACHTEN
WEIL SIE MIT IHREN WATSCHELFÜSSEN
AN DER ERDE ANGEFROREN WAR

NASSE LAPPEN DIE MAN UNACHTSAM
IM GARTEN AUF DEN BODEN WIRFT
WERDEN SOFORT ANFRIEREN UND AUF DEREN
GEBRAUCH MUSS MAN LANGE VERZICHTEN

FALLEN

FALLEN ALS UNKONTROLLIERTE
LAGEVERÄNDERUNG
IST SCHON FÜR DIE VERSCHIEDENSTEN PRÄFIXE
BESCHRIEBEN

FÜR NIEMAND FALLEN DIE STERNE VOM HIMMEL

DIE GEWINNZAHLEN FALLEN EBEN AUCH
FAST NIE EINEM EIN
DURCH ZUFALL FALLEN DIE ZIEHUNGSKUGELN
MIT EINER BESTIMMTEN GEWINNZAHL

IM ZOO GIBT ES KÄFIGE FÜR RAUBTIERE
DAMIT SIE DIE BESUCHER UND ANDERE TIERE
NICHT ANFALLEN

ANFALLEN IST ABER NICHT AUF TIERE BESCHRÄNKT
ES GIBT MENSCHEN DIE ANDERE ANFALLEN
UM SIE ZU BERAUBEN
WENN AUCH MEIST NICHT DURCH BEISSEN

HUNDE WERDEN TRAINIERT
DASS SIE ALS SCHUTZHUNDE
FLIEHENDE RÄUBER ANFALLEN
UND ZU BODEN REISSEN

ARBEITEN DIE DURCH DAS LEBEN
EINFACH ANFALLEN
SOLLTEN WIR OHNE ABWEHR ERLEDIGEN
SO KÖNNEN WIR SCHNELLER WIEDER
ÜBER SELBST GESTALTBARE ZEIT VERFÜGEN

FÜTTERN

GARDEROBE FÜTTERN WIR AUF DER INNENSEITE
MIT EDLEN STOFFEN
ANNORAKS FÜTTERN WIR
MIT WÄRMEHALTENDEM MATERIAL

GERÜCHTE FÜTTERN MANCHE MENSCHEN
MIT BOSHAFTER ABSICHT
UM DEN LEUMUND ZU BESCHÄDIGEN

UNSERE TIERE FÜTTERN WIR OFT
MEHR NACH UNSEREN BEDÜRFNISSEN
ALS NACH DEM BEDARF DER TIERE

BESONDERS AUFFALLEND SIND DABEI
DIE FUTTERANGEBOTE FÜR MANCHE HAUSTIERE
DIE ALS KINDERERSATZ FUNGIEREN

ÜBERGEWICHT UND ZIVILISATIONSKRANKHEITEN
WIE DIABETES
SIND DANN AUCH BEI TIEREN
DURCH FALSCHES FÜTTERN DIE FOLGE

MÖCHTE ICH MICH EINSCHMEICHELN
WERDE ICH VERSUCHEN
EGAL OB MENSCH ODER TIER
ANZUFÜTTERN

DAS ANFÜTTERN SOLL LOCKEN
UND VORBEHALTE ODER MISSTRAUEN ABBAUEN

TIERE ANFÜTTERN HEISST MIT FRESSEN LOCKEN
DOCH MENSCHEN ANFÜTTERN IST HINTERHÄLTIGER
DA LOCKT MAN IN EINE BESTIMMTE RICHTUNG
DIE MAN FÜR SICH SELBST VORTEILHAFT BEWERTET

OB MIT   GELD   WERBUNG   VERSPRECHUNGEN
ODER FALSCHEN HOFFNUNGEN
WERDEN ZUKÜNFTIGE KUNDEN ANGEFÜTTERT
UM SIE DANN DAUERHAFT ALS VERTRAGSPARTNER
ZU BINDEN

FEUERN

UNZUVERLÄSSIGE MITARBEITER
LEBEN STETS IN DER ZUVERLÄSSIGEN GEFAHR
DASS IHRE CHEFS SIE EINES TAGES FEUERN

WOLLEN WIR IN DER WILDNIS ÜBERLEBEN
MÜSSEN WIR ZUM VERJAGEN DER WILDEN TIERE
UND ZUM KOCHEN WIE AUCH WÄRMEN
FEUERN

IN STADIEN BEGREIFT MAN DAS WORT ANFEUERN
SOFORT

VOR ALLEM WENN DIE GEGNER VON IHREN FANS
DAS ANFEUERN ERWARTEN

ABER AUCH DAS ENTZÜNDEN EINES KAMINS
BEDARF DES SACHKUNDIGEN ANFEUERNS

SOGAR EIN TERRASSENKAMIN REAGIERT SOFORT
MIT RAUCH UND GLIMMEN
WENN ICH BEIM ANFEUERN DIE SCHEITE
NICHT RICHTIG GESTAPELT HABE

FRAGEN

DIE MUTTER ALLER WEISHEIT IST DAS FRAGEN
DAMIT HAT DIE NEUGIER EINE SPRACHE

OB ICH MENSCHEN FRAGE
ODER BÜCHERWISSEN ERFRAGE
IST IMMER EINE WISSENSBEREICHERUNG

DER MUT ZUM FRAGEN MUSS ENTWICKELT WERDEN
DURCH VERSTEHENDES DARAUFEINGEHEN

WIR WERDEN MIT EINER NATÜRLICHEN NEUGIER
GEBOREN
WIRD DIESES FRAGEN ABER NICHT FREUNDLLCH
AUFGENOMMEN VON DEN BEFRAGTEN
KANN SICH DIESES "MENSCHLICHE GEHIRNORGAN"
– SO NENNE ICH ES – ZURÜCKBILDEN

DIE NEUGIER TROCKNET AUS UND BEZIEHT SICH
NUR NOCH AUF DEN KÖRPERLICHEN LEBENSERHALT

SO GIBT ES FRAGEN

AN DEN GEIST   AN DEN KÖRPER   UND AN DIE SEELE

DIE FRAGEN AN DEN KÖRPER LÖSE ICH

DURCH BLUTANALYSEN UND ÄHNLICHE

INZWISCHEN AUCH GERÄTEUNTERSTÜTZTE

UNTERSUCHUNGEN

DIE FRAGEN AN DIE SEELE VERLANGEN ZUERST

DAS SICH ANNEHMEN WIE MAN IST

UND DANACH DAS FRAGEN

WARUM MAN SO IST WIE MAN IST

ANFRAGEN RICHTEN SICH AN GREMIEN

IN FORMULIERTER MEIST SCHRIFTLICHER SPRACHE

IN MÜNDLICHER FORM STELLEN ABGEORDNETE

ANFRAGEN IN SITZUNGEN ZU BESTIMMTEN THEMEN

ANFRAGEN SIND GANZ SPEZIELL

UND AUF EINE SACHLAGE FOCUSSIERT

ZUM BEISPIEL OB   ATOM   SOLAR   WIND   WASSER

EINE ZU FINDENDE NEUE ENERGIEQUELLE

WENIGER DER ERDE SCHADEN WÜRDEN

GEHEN

UHREN GEHEN REIBUNGSLOS (REIBUNG IST IMMER)
WENN DIE ZAHNRÄDER OHNE HINDERNIS
INEINANDER GREIFEN

TIERE GEHEN AUF INSTINKTGESTEUERTEN WEGEN
ZU IHREN HÖHLEN UM DARIN ZU WERFEN
ODER ZU ÜBERWINTERN

FEINDE SOLLTEN SICH AUS DEM WEG GEHEN

ZUR WEIHNACHTSZEIT BEOBACHTEN DIE KUNDEN IN
DEN KAUFHÄUSERN WIE DIE BELEUCHTUGEN
SCHON LANGE VOR DEM FEST ANGEHEN
UM SIE FÜR DAS FEST EINZUSTIMMEN

BEI TIERISCHEN REVIERKÄMPFEN KANN MAN GUT
ANGEHEN BEOBACHTEN – SIE GEHEN EINANDER AN

DER HEFETEIG WIRD IN VORBEREITUNG WARM
GESTELLT WEIL ER ANGEHEN SOLL

PLAGEN MUSKELSCHWÄCHEN ODER WEHWECHEN
MÜSSTE MAN ZIELGERICHTET DAGEGEN ANGEHEN

JEDE HAUTCREME SOLL GEGEN BESTIMMTE
ERSCHEINUNGEN
WIE TROCKENHEIT ODER RISSIGKEIT ANGEHEN

GREIFEN

WENN MAN VON MENSCHEN HÖRT
DIE UNMÖGLICHES ANSTREBEN
DANN SAGT DER VOLKSMUND:
DIE GREIFEN NACH DEN STERNEN

DOCH NUR SOLCHE DIE ÜBER
DAS BISHER ERREICHTE GREIFEN
WERDEN SICH WEITER ENTWICKELN

MANCHMAL REICHT EIN EINZIGER IMPULS
AUS GEHÖRTEM ODER GESEHENEM
UND WIR GREIFEN DIE FÜR UNS NEUE IDEE AUF
UND PLANEN EIN NEUES PROJEKT

IDEEN GREIFEN VERLANGT ABER STETES WACHSEIN

WERBEDESIGNER LEBEN VON SOLCHEM GREIFEN
NACH WIRKSAMEN SLOGANS UND BILDERN

ANGREIFEN SEI DIE BESTE VERTEIDIGUNG
ALS REDEWENDUNG IM DEUTSCHEN
KANN ICH NICHT GUT HEISSEN

ANGREIFEN BEDEUTET IMMER BEDROHUNG
EINENGUNG ZURÜCKDRÄNGEN

EIN PROBLEM ANGREIFEN BEDEUTET
ES ANALYSIEREN
DIE VERWIRRUNGEN ZU LÖSEN
UND
NEUE ANSATZPUNKTE ZU SUCHEN

EINEN ARBEITSPLAN ANGREIFEN HEISST
DIE NOCH ZU ERLEDIGENDE ARBEIT
KLEINER WERDEN ZU LASSEN
ALSO ZURÜCKZUDRÄNGEN

ABER CHEMIKALIEN
DIE ANDERE STOFFE ANGREIFEN
ODER AUCH UNSERE GESUNDHEIT ANGREIFEN
SIND FEINDLICHE ZERSTÖRENDE PROZESSE

GEBEN

ICH GEBE DIR EINE EINS SAGT DER LEHRER
SEIN WOHLWOLLEN UND SEINE GNADE
WILL ER MIT DEM WORT   GEBEN
AUSDRÜCKEEN

DENN DIE ERBRACHTE LEISTUNG BEDARF NICHT
DER „GNADE" SONDERN NUR DER BEWERTUNG

DA GEBE ICH NICHTS DRAUF
KANN MAN HÖREN
IST AUCH EINE FAULE FLOSKEL

DENN ALLEIN DIE AUSSAGE
DAS MIT SPRACHE IN DIE BEDEUTUNG HEBEN
ZEIGT DASS ES IMMER ETWAS AUSGERICHTET HAT

ÜBER DAS GEBEN VON HERZEN
WILL ICH GAR NICHT ERST NACHDENKEN
DENN DAS WÜRDE MAN GERNE SELBER BEHALTEN
ODER IST FROH ES LOS ZU SEIN

ANGEBEN DER PERSÖNLICHKEITSDATEN
IST WERTEFREI
IN UNSERER ZEIT DER VERNETZUNG VIRTUELLER
MEDIEN SOLLTE MAN JEDOCH BEIM ANGEBEN
KRITISCHER SEIN

JEDES KOCHBUCH BESTEHT AUS SÄTZEN
WIEVIEL MAN VON ALLEM ANGEBEN MUSS

DOCH WIRKLICH DENKEN ALLE BEI ANGEBEN
DOCH NUR AN EITLE SPINNEN
OB SIE NUN MIT LEISTUNGEN
DIE SIE NICHT VOLLBRACHT HABEN
ODER MIT MODEATTRIBUTEN
DIE DIE ZEIT HOCH BEWERTET
ODER BESITZTÜMERN
DIE NUR ALS LEIHGABE IHNEN ÜBERLASSEN SIND

WIRKLICHE SUBSTANZ
SOWOHL IM GEIST
ALS AUCH KÖRPER
ALS AUCH IN DER SEELE
BEDARF NICHT DES ANGEBENS

GIESSEN

STAHLARBEITER GIESSEN DAS FLÜSSIGE EISEN
IN FORMEN ODER VERARBEITEN ES DANN WEITER
UND GIESSEN ES MIT ANDEREN GRUNDSTOFFEN
ZUSAMMEN

GLOCKENBAUER GIESSEN IN DIE VORBEREITETE
TONFORM DAS MATERIAL FÜR DIE GLOCKE

ZUCKERBÄCKER GIESSEN IN FORMEN
DIE FLÜSSIGE SCHOKOLADE FÜR DIE HOHLKÖRPER
ZU OSTERN UND WEIHNACHTEN

ANGIESSEN IST DIE WICHTIGSTE ARBEIT
BEIM SÄEN UND PFLANZEN
DIE NEUE ERDE MUSS DURCH DAS WASSER
GANZ SCHNELL ZUM QUELLEN DER SAMEN FÜHREN

UND JUNGE PFLANZEN SAUGEN
MIT IHREN WURZELN NACH DEM ANGIESSEN
SCHNELL IHRE NAHRUNG AUF

DEN BRATENFOND MÜSSEN WIR ANGIESSEN
UM EINE LECKERE SAUCE ZU KOCHEN

IN SPA-EINRICHTUNGEN KANN MAN SICH
MIT KALTEM UND WARMEM WASSER
DIE BEINE ANGIESSEN
UM DEN KREISLAUF ZU BELEBEN

HÄNGEN

JUGENDLICHE
HÄNGEN GERN MIT FREUNDEN HERUM
DAMIT IST ABER NUR DAS UNGEZIELTE
ZEITVERTREIBEN GEMEINT

VIELE MENSCHEN
HÄNGEN IHRE FAHNEN NACH DEM WIND
MEINT DASS SIE MIT DER JEWEILS MÄCHTIGEN
STIMME MITSCHREIEN
UND KEINE EIGENE MEINUNG VERTRETEN

WIR HÄNGEN AN ERINNERUNGSSTÜCKEN
WEIL SIE UNSERE VERWURZELUNG
IN DER VERGANGENHEIT BEWEISEN

WIR WERDEN BILDER ANHÄNGEN

LAMPEN AN DIE DECKEN

WANDLAMPEN AN DIE WÄNDE

GARDEROBE KÖNNEN WIR

AN EINGENÄHTEN SCHLAUFEN ANHÄNGEN

ABER ANHÄNGEN KANN MAN AUCH JEMANDEM

UNWAHRHEITEN DIE IHM DAUERHAFT SCHADEN

DEN PFERDEANHÄNGER

MUSS ICH AN DIE ZUGMASCHINE ANHÄNGEN

UM MIT IHM MEINE FRACHT ZU BEWEGEN

MANCHER FINDET VOR DAUERHAFTEM ANHÄNGEN

AN DIE VERGANGENHEIT KAUM NOCH IN DER

GEGENWART SEINEN PLATZ

HÖREN

ICH HÖRE ES ZWAR
DOCH ICH BIN NICHT WILLENS DAS ZU GLAUBEN
HIER WEHRT SICH DER VERSTAND
DEN HÖRINHALT WAHR ZU NEHMEN

DIE REDEWENDUNG „HÖR DOCH ZU"
WEIST AUF DEN WILLEN
DEM ANDEREN ETWAS AUFZUZWINGEN
SEINE AUFMERKSAMKEIT SOLL HÖREN
WAS IN DIESEM MOMENT DEN ANDEREN BEWEGT

DAS AUF DIE INNERE STIMME HÖREN
VERLANGT MUT UND SELBSTVERTRAUEN
WEIL ES OFT DEM ÄUSSEREN SCHEINBAREN
WIDERSPRICHT

ICH WERDE MIR MEINUNGEN ANHÖREN
UM DAZU STELLUNG ZU NEHMEN

EINE ANHÖRUNG IST IM STREITFALL
ZWISCHENGESCHALTET UM MISSVERSTÄNDNISSE
EVENTUELL IM VORFELD EINER ERNSTHAFTEN
AUSEINANDERSETZUNG AUSZURÄUMEN

DIE WEIHNACHTSGESCHENKWÜNSCHE
HÖREN SICH ELTERN OFT
MIT NICHT REAGIERENDEN GESICHTERN AN
UM NICHT MÖGLICHE ERFÜLLUNGEN
ZU VERRATEN

HALTEN

AUTOS HALTEN WIR UM BEWEGLICH UND
UNABHÄNGIG ZU SEIN ODER AUCH UM ZU ZEIGEN
DASS WIR ES GESCHAFFT HABEN
UNS SOLCHEN LUXUS ZU LEISTEN

WAS ICH VON ANDEREN HALTE
GEBE ICH OFT IM GESPRÄCH MIT ANDEREN KUND
DAS IST ABER EBEN IMMER EINE SEHR SUBJEKTIVE
EINSCHÄTZUNG

WIR SAGEN AUCH
ICH HALTE ES FÜR AUSGESCHLOSSEN
WENN WIR ETWAS NICHT GLAUBEN

ANHALTEN MUSS ICH DAS FAHRZEUG
UM AUSZUSTEIGEEN

ANHALTEN WERDE ICH DIE LUFT
WENN ICH UNTER IM WASSER TAUCHE

ANHALTEN WERDE ICH DEN WETTLAUF
WENN ICH DAS ZIEL ERREICHT HABE

ANHALTEN MUSS ICH
DEN GÄRVORGANG BEIM WEINHERSTELLEN
DURCH DAS ABFÜLLEN IN FLASCHEN
UND LUFTDICHTES VERKORKEN

ANHALTEN WERDE ICH DAS VORLESEN
WENN DER ZUHÖRENDE EINGESCHLAFEN IST

ANHALTEN MUSS ICH ÜBEN WENN MEIN
ARBEITSEIFER UND MEIN EHRGEIZ
MICH NICHT MEHR ZUR RUHE KOMMEN LÄSST

DER TOD IST DAS PASSIVE ANHALTEN FÜR IMMER
NUR DER SELBSTMÖRDER HÄLT AKTIV AN

KLEBEN

ICH WERDE DIR EINE KLEBEN BEDEUTET
DASS MEINE HAND
AUF DER WANGENBACKE LANDET
ES IST EINE KLARE ANSAGE
WENN DER ANDERE NOCH WEITER REIZT

DAS KLEBEN SPRICHT VOM HAFTEN AN ETWAS
SO KLEBEN WIR ETIKETTEN AUF ALLES VERPACKTE
UM DEN INHALT ZU ERKENNEN

WIR KLEBEN NAMENSSCHILDER AN UNSER GEPÄCK
UM ES ALS EIGENTUM ZU DEKLARIEREN

SOGAR SCHÖNHEITSPFLÄSTERCHEN
KLEBEN WIR UNS AUF DIE HAUT

DAS ANKLEBEN VON PLAKATEN
IST EINE RICHTIGE ARBEIT
OFT HABE ICH DAS ANKLEBEN MIT KLEISTEREIMER
LEITER UND PLAKATROLLEN BEWUNDERT
FRÜHER WAREN ES MEIST LITFASSSÄULEN
HEUTE SIND ES PLAKATTRÄGER AUS METALL
DIE REGELMÄSSIG VOM ANKLEBER AUFGESUCHT
WERDEN

DER KUCKUCK VON DER
KUCKUCKSUHRVERZIERUNG IST ABGEBROCHEN
ALSO WERDE ICH IHN WIEDER ANKLEBEN

DIE BUNTEN ZUCKERSTREUSEL AUF DEN KEKSEN
KANN ICH MIT HILFE DES ZUCKERGUSSES
DARAUF ANKLEBEN

KAUFEN

DEN WERDE ICH MIR KAUFEN MEINT
DASS MAN SICH JEMAND VORKNÖPFT
VOR DIE LINSE HOLT
MIT IHM ERNSTHAFT REDET
ODER SOGAR MEHR

KAUFEN KANN MAN NICHT NUR MATERIELLES
ALLE GEGENSTÄNDE KANN MAN KAUFEN
WENN SIE DAZU ANGEBOTEN WERDEN

AUCH AUSSAGEN KANN MAN KAUFEN
DIE VON DER WAHRHEIT ABWEICHEN SOLLEN

SEELENFÄNGER KAUFEN SEELEN
DURCH VERSPRECHEN DES LOHNES IN ANDEREN
ERDACHTEN WELTEN

ALTWARENHÄNDLER LEBEN VOM ANKAUFEEN
SIE SUCHEN NACH WAREN
DIE SIE DURCH BILLIGES ANKAUFEN
DANN SPÄTER TEUERER WIEDER VERKAUFEN
KÖNNEN

MUSEEN ERWEITERN IHREN BESTAND
INDEM SIE SUCHEN WAS SIE DURCH ANKAUFEN
ERWEITERN KÖNNEN
OHNE DIE ABSICHT ES WIEDER ZU VERKAUFEN

GALERISTEN GEBEN IHREM GESCHÄFT
EINE PRÄGUNG INDEM SIE BESTIMMTE
KUNSTEPOCHEN ODER BESTIMMTE KÜNSTLER
ANKAUFEN

KOMMEN

KOMMEN IST OFT MIT VORFREUDE VERBUNDEN
OB FREUNDE KOMMEN ODER DIE KINDER KOMMEN
AUF JEDEN FALL IST EIN ZUKÜNFTIGES EREIGNIS
DAMIT GEMEINT

ÄLTESTE EINES STAMMES KOMMEN ZUSAMMEN
ALSO TREFFEN SICH UM DIE SITUATION ZU BERATEN

MIT DER ERWÄRMUNG DER ERDE WERDEN
SITUATIONEN KOMMEN DIE WIR NOCH NICHT
KONKRET VORAUSSEHEN KÖNNEN

ALTE UNKEN OFT IN DER GEGENWART WAS FÜR
SCHLIMME ZEITEN KOMMEN WERDEN
WENN DIE JUGEND SO WEITER MACHT

SIE SEHEN FOLGEN KOMMEN
WEIL DIE ERFAHRUNG SIE ZU SCHLUSSFOLGERNDEM
DENKEN VERLEITET

LAUFEN WIR UM DIE WETTE HOFFEN WIR
DASS WIR ALS ERSTE ANKOMMEN

JEDER DER EINE REISE BEGINNT
FREUT SICH AUF SEIN ANKOMMEN

AUCH LIEBESLEUTE HABEN DAS GEFÜHL
DASS SIE ANKOMMEN
WENN SIE DEN PARTNER FÜRS LEBEN AUSERWÄHLT
HABEN

IN EINER NEUEN UMGEBUNG MUSS MAN
ANKOMMEN
UM SICH NICHT FREMD ZU FÜHLEN

HAT JEMAND SEINEN HEIMLICHEN
ABER ANGESTREBTEN BERUFSWUNSCH ERREICHT
ERFÜLLT IHN DAS GEFÜHL DES ANGEKOMMENSEINS

KLAGEN

KLAGEN IST DIE HAUPTBESCHÄFTIGUNG
UNZUFRIEDENER MENSCHEN

TIERE KLAGEN NUR
WENN SIE STARKE SCHMERZEN HABEN
UND DAS WISSEN WIR AUCH NUR
VON DEN DOMESTIZIERTEN HAUSTIEREN

KLAGEN BEDARF DER LAUTENTÄUSSERUNG
ES GIBT KLAGEN
DIE NUR ÜBER DIE AUGEN SICH ZEIGEN
DOCH WER SOLCHE AUGEN SIEHT
DER HÖRT DIE KLAGE AUS SEINER
LEBENSERFAHRUNG IN SICH

ANKLAGEN GIBT ES NICHT NUR IM GERICHTSSAAL
DORT WERDEN DIE ANKLAGEN
WENIGSTENS AUF WAHRHEITSGEHALT ÜBERPRÜFT

VERHEERENDER SIND ANKLAGEN
AUSSERHALB EINES GERICHTS

DIE MÖGLICHKEITEN DER VERTEIDIGUNG
SIND OFT NICHT GEGEBEN

ZUM BEISPIEL DIE ANKLAGEN VON KINDERN
AN IHRE ELTERN
DIE SIE IN EIN ERFOLGREICHES LEBEN
HINEINGEZOGEN HABEN
DENEN ABER NICHT DER VERNUNFTSKOPF WÄCHST
DASS EIGENTLICH ALLE GESUNDEN ELTERN
DAS TUEN WAS IHNEN MÖGLICH IST
MIT DEM ZIEL
DAS BESTE FÜR SIE ZU ERREICHEN

LASSEN

WIR LASSEN UNS TRAUEN
WIR LASSEN UNS SCHEIDEN
WOBEI DAS MEINER MEINUNG NACH NICHT
MÖGLICH IST

DENN NUR DAS AKTIVE SICH TRAUEN
ODER SICH SCHEIDEN IST MÖGLICH
DIE SPRACHE HAT DAS BEURKUNDEN SOLCHER
AKTIVITÄTEN EINFACH WEGGELASSEN

WIR LASSEN UNS EINLADEN
IM SCHLIMMSTEN FALL AUCH RAUS SCHMEISSEN
WIR LASSEN UNS AUF DISPUTE EIN
ODER AUCH HÄNDEL

WIR LASSEN UNS AUCH AUF GESCHÄFTE EIN
AUCH WENN SIE MANCHMAL NICHT GANZ REDLICH
SIND
WIR LASSEN DIE FRISCHE LUFT INS ZIMMER HEREIN
WIE WIR AUCH MANCHMAL AM TAGE DAS LICHT
BRENNEN LASSEN

DEN MOTOR ANLASSEN IN WARTESITUATIONEN
IST RÜCKSICHTSLOS UND ALLE SCHÄDIGEND

DIE ELEKTRISCHE BELEUCHTUNG ANLASSEN
OHNE DAS LICHT ZU NUTZEN
IST EBENSO SCHÄDLICH
UNABHÄNGIG WER ES BEZAHLT
DIE ENERGIE IST VERSCHWENDET

WENN WIR AUS VERSEHEN DEN HERD ANLASSEN
DANN ZEIGT UNS DER ENTSTANDENE SCHADEN
DIE GEFAHR UND DIE VERSCHWENDUNG

IM TIEFEN WINTER WERDEN WIR DIE HEIZUNGEN
AUF KLEINER STUFE ANLASSEN
DAMIT KEIN FROSTSCHADEN ENTSTEHT

LAUFEN

LAUFEN DIE KRABBLER
WIRD DER RADIUS ENORM GRÖSSER
UND DIE ACHTSAMKEIT DER ELTERN
IST VIEL MEHR GEFORDERT

KINDER LAUFEN SPONTAN VON DER HAND
DER ELTERN WEG AUF DIE STRASSE UND FAHRBAHN

OHREN LAUFEN WENN SICH DER ENTZÜNDLICHE
PROZESS DEM ENDE NÄHERT DIE
ZERSETZUNGSSTOFFE LAUFEN AUS DEM
AUSSENOHR

UHREN LAUFEN WENN WIR SIE
MIT SPANNUNGSENERGIE DURCH FEDERN
ODER MIT STROM AUS BATTERIEN VERSORGEN

SCHAFE LAUFEN IHREM LEITHAMMEL HINTERHER

SCHLIESSE ICH DIE AUGEN UND GEHE ICH OHNE
FÜHRUNG VORAN
WERDE ICH ANLAUFEN WENN EIN HINDERNIS IM
WEGE STEHT

SILBER WIRD MIT EINER OXYDATIONSSCHICHT
ANLAUFEN WENN ICH ES NICHT REGELMÄSSIG
REINIGE

EINE PRODUKTIONSSTRASSE MUSS AUF GENAUESTE
FUNKTIONSFÄHIGKEIT GEPRÜFT WERDEN
BEVOR MAN SIE ANLAUFEN LASSEN KANN
WEIL SONST DER SCHADEN DURCH DIE
MASSENFERTIGUNG ENORM GROSS WIRD

LECKEN

DIE ZUNGE LECKEN SICH MENSCHEN
OFT SEHR UNBEWUSST

SO WEISS MAN DASS MÄNNER SICH
DIE LIPPEN LECKEN WENN SIE EINE FÜR SIE
BEGEHRENSWERTE FRAU SEHEN
UND DESHALB DÜRFEN SIE DAFÜR NICHT BESTRAFT
WERDEN

FÜHLEN WIR DAS KLEINSTE HINDERNIS ODER
KÖRNCHEN IM MUND AUSSERHALB DES
ESSVORGANGS
LECKEN WIR STÄNDIG MIT DER ZUNGE DARAN
HERUM

BEIM KOCHEN AM HEIMISCHEN HERD
LECKEN WIR UNS OFT DIE FINGER AB
BESONDERS BEIM KUCHENBACKEN LECKEN ALLE
GERN DIE TEIGSCHÜSSEL AUS
ODER DIE STREUSELRESTE VON DEN FINGERN

WENN ICH NICHT WILL
DASS MIR JEMAND VON MEINEM EIS WAS STIEHLT
WERDE ICH ES SCHNELL ANLECKEN

WENN WIR DEN VORRATSBEHÄLTER PRÜFEN
OB SALZ ODER ZUCKER DARIN IST
DANN KANN MAN DEN FINGER ANLECKEN
DAMIT SALZ ODER ZUCKER ZUM KOSTEN
AM FINGER HAFTEN

BEFREUNDETE KATZEN KANN MAN BEOBACHTEN
WIE SIE IHRE FREUNDE ANLECKEN
UM ZU ZEIGEN DASS SIE SIE LIEBEN

AUCH BEI HUNDEBEGRÜSSUNGEN
DER HERRCHEN UND FRAUCHEN
KANN MAN KURZES ANLECKEN BEOBACHTEN

LERNEN

WIR LERNEN NICHT NUR SOZIALES VERHALTEN
IM MITEINANDER DER FAMILIE
WIR LERNEN AUCH DIE PHYSISCHEN
VORAUSSETZUNGEN FÜR DAS LEBEN IN EINER
MENSCHLICHEN UMWELT

LAUFEN   SPRECHEN
EINORDNEN DER SINNESERFAHRUNGEN
IN VORTEILHAFT UND SCHÄDLICH
MÜSSEN WIR LERNEN

IM SPÄTEREN LEBEN LERNEN WIR UNSEREN WILLEN
IN ERLAUBTE BAHNEN ZU LENKEN
DIE DER GESELLSCHAFT NICHT SCHADEN

WER NEU IN EINE BESCHÄFTIGUNG EINSTEIGT
MUSS ANGELERNT WERDEN
OB IM BÜRO IM HANDEL ODER IM HANDWERK
STETS IST ANLERNEN NOTWENDIG

DIE ERSTEN HANDGRIFFE
ABLÄUFE WERDEN GEZEIGT
NACHGEAHMT UND GEÜBT

OB DAS ANLERNEN ZU EINER LUST FÜHRT
DAS GEBIET ODER DIE TÄTIGKEIT WIRKLICH LERNEN
ZU WOLLEN
IST OFT EINE FOLGE EINES GESCHICKTEN
FEINFÜHLIGEN ZIELSTREBIGEN ANLERNENS
DURCH DIE AUSBILDER

AUCH BEIM ANLERNEN MÜSSEN BEREITS
ERFOLGSERLEBNISSE MÖGLICH SEIN
DIE DIE LUST AUF NEUES LERNEN WECKEN

LEITEN

ICH LASSE MICH LEITEN VON EINER IDEE
ODER VON EINEM GEFÜHL

DIE IDEE LEITET MEIN HANDELN
WIE AUCH DAS GEFÜHL DIREKT
DAS KÖRPERLICHE HANDELN BEEINFLUSSEN UND
LEITEN KANN

LÄSST MAN SICH VON WUNSCHVORSTELLUNGEN
LEITEN
DIE DER REALITÄT NICHT ANGEPASST SIND
WERDEN WIR OFT ENTTÄUSCHUNGEN ERLEBEN

WEICHEN AN SCHIENEN
LEITEN DIE FAHRZEUGE
IN VERSCHIEDENE RICHTUNGEN

ANLEITEN IST DAS ERSTE ZEIGEN
DAS VORLEBEN DAS VORMACHEN BEI ALLEM
WAS NICHT DURCH REINE NACHAHMUNG GELERNT
WIRD ODER GELERNT WERDEN KANN

SO DACHTE VOR X JAHREN MAL EIN
BÄCKERMEISTER DASS SEIN PFANNKUCHENTEIG
AN MEINEN FINGERN BEIM VERSUCH ZU FORMEN
KLEBEN BLEIBEN WÜRDE

ER WUSSTE VON SEINEN LEHRLINGEN
DASS DAS OHNE ANLEITEN PASSIERT

ER HATTE ABER NICHT MIT MEINER FESTEN ABSICHT
DEN TEST ZU BESTEHEN GERECHNET
UND MEINER FÄHIGKEIT
MEINE KLAVIERSPIELFINGER EINZELN ZU STEUERN

OHNE SEIN ANLEITEN GELANG ES
UND ER VERPACHTETE MIR DARAUF DIE BÄCKEREI

LÄCHELN

LÄCHELN ZEIGT SICH IN FEINEN VERÄNDERUNGEN
IM GESICHT
DIE MUNDWINKEL RUTSCHEN GANZ WENIG
NACH OBEN

AUCH DIE AUGEN BEGINNEN
ABER HALTEN BEI ERSTEN VERÄNDERUNGEN EIN
WEIL LÄCHELN SICH OFT NICHT VERRATEN WILL

LÄCHELN IST IMMER ANZEICHEN IRGENDEINES
WOHLGEFÜHLS
OB SCHADENSFREUDE MITLEID ODER WOHLWOLLEN
IST NICHT EINEINDEUTIG

ANLÄCHELN IST IMMER EHRLICHEN HERZENS
GEMEINT
SO WIE SÄUGLINGE DIE MÜTTERGESICHTER
ERKENNEND ANLÄCHELN
SO IST ANLÄCHELN ERKENNEN UND WOHLWOLLEN
UND KOMMT AUS GUTER ABSICHT
DEM VERÄNGSTIGTEN ANGST ZU NEHMEN
ODER IHM ZUTRAUEN ZU ERMÖGLICHEN

ANLÄCHELN HILFT IMMER AUCH IM STREIT
IST DAS ERSTE ANLÄCHELN DANACH DAS TOR ZUR
VERSÖHNUNG

LACHEN

DAS IST JA ZUM LACHEN
VERWIRFT DIE GEÄUSSERTE MEINUNG
HIER IST IRONIE UND SPOTT VERBORGEN

DA LACHE ICH DRÜBER
VERLETZT EBENSO DAS WERTESYSTEM
EINES ANDEREN

LACHEN AUS BOSHEIT
TREIBT NORMAL EMPFINDENDEN MENSCHEN
DAS GRUSELN IN DIE GLIEDER

LACHEN IST DANN DER SIEG DER BÖSEN LUST
UND WIRD SO DEM
DER SCHADEN ZUFÜGEN WOLLTE
ZUR FREUDE
UND ENTLOCKT IHM DESHALB DAS LACHEN

ICH WILL MIR EINEN FREUND

ODER EINE FREUNDIN ANLACHEN

ICH WILL ALSO JEMAND FÜR MICH GEWINNEN

ICH WOLLTE MIR AUCH MEIN GANZES LEBEN

HUNDE ANLACHEN UND

BIN DESHALB INS TIERHEIM UND

HABE GESUCHT

WELCHEN KANN ICH MIR ANLACHEN

MEIN PFERD IST SO ZU MIR GEKOMMEN

WEIL ICH IHM BEI DER ERSTEN BEGEGNUNG

IN DIE AUGEN GESEHEN HATTE UND

NICHT MEHR LOSKAM VON IHM

NICHT ICH SONDERN ER HATTE MICH ANGELACHT

WIRD MAN SELBST ANGELACHT

IST MAN OFT ERST MAL SEHR VERBLÜFFT

DASS EIN ANDERES WESEN DAS INNERSTE WESEN

IN EINEM SELBST ANGESPROCHEN HAT

LEGEN

HAT MAN ÜBER SEINE VERHÄLTNISSE GELEBT
WIRD DIE BANK VERLANGEN
MAN SOLLE SEINE VERMÖGENSVERHÄLTNISSE
OFFEN LEGEN

WIR LEGEN UNS PLÄNE ZURECHT
WIE WIR EIN ZIEL ANGEHEN

NACH DEM ESSEN LEGEN WIR
DAS BESTECK AUS DER HAND

AUCH ÄMTER KANN MAN NIEDER LEGEN
WIE WIR UNS AUCH ZUM SCHLAFEN MEIST LEGEN

BEI MANCHEN KARTENSPIELEN
MUSS MAN KARTEN ANLEGEN

DER DAMPFER WIRD
AM AUSFLUGSRESTAURANT ANLEGEN
DAMIT DIE PASSAGIERE IHRE WÜNSCHE
BEFRIEDIGEN KÖNNEN

GELD DAS HERUMLIEGT SOLLTE MAN ANLEGEN
DAMIT ES ZINSEN BRINGT

ABER ANLEGEN MIT EINEM WIDERSACHER
ODER KONKURRENTEN
BRINGT OFT ÄRGER

ANLEGEN IST AUCH EINE HERAUSFORDERUNG
SICH ZU MESSEN
SOWOHL GEISTIG ALS AUCH KÖRPERLICH

SEELISCH FUNKTIONIERT ES EIGENTLICH NICHT
WEIL GEFÜHL NACH GEBORGENHEIT STREBT
NICHT NACH KRIEG

LIEFERN

NEUERDINGS LASSEN SICH MENSCHEN
NICHT NUR SCHWERES LIEFERN
SIE BEZAHLEN LIEBER MEHR
ALS SICH SELBST IN DEN SUPERMARKT ZU BEGEBEN
VON DER ZAHNBÜRSTE BIS ZUM SONNTAGSBRATEN
LASSEN SIE LIEFERN

UM DIESES LIEFERN ENTBRENNT ZUR ZEIT
SOGAR EIN ERNSTER KONKURRENZKAMPF
UNTER DEN LIEFERERN

DASS DIE ISOLATION UND AUSGRENZUNG
VIELER MENSCHEN DADURCH WEITER
VORANGETRIEBEN WIRD
BEDENKT DIE GESELLSCHAFT BEI DIESEM
LIEFERMANIEVERHALTEN NICHT

ICH ERINNERE MICH DASS WIR FRÜHER
UNSERE WINTERKARTOFFELN ERHIELTEN
DURCH ANLIEFERN
AUCH DIE KOHLEN FÜR DIE ÖFEN
LIESS MAN SICH ANLIEFERN
HEUTE BESTELLT MAN VIELES IM INTERNET
UND ERWARTET DASS EIN PAKETDIENST
DIE WARE ANLIEFERN WIRD

DAS WORT WEIST AUF
AN DEN MANN   ODER   AN DIE PERSON
ODER AN DAS HAUS

DOCH OFT SIND ANLIEFERER ZU BEQUEM
UM ZU KLINGELN ODER EIN PAAR SCHRITTE ZU
GEHEN UND VERSTEHEN ALS ANLIEFERUNG
DAS HINTERLEGEN IN EINER PACKSTATION
ODER EINER ENTFERNTEN PAKETPOSTEINRICHTUNG
HIER WURDE DAS ANLIEFERN ZU EINER
UNSPEZIFISCHEN LIEFERUNG
WEDER ZU NOCH AN
IST ALS PRÄFIX GERECHTFERTIGT
OBWOHL ALLE VERSANDHANDEL DAMIT WERBEN

LOCKEN

GERÜCHE LOCKEN UNS IN DIE KÜCHE
WEIL WIR UNS AN SCHMACKHAFTES ESSEN
ERINNERN

AUSLAGEN IN SCHAUFENSTERN LOCKEN UNS OFT
IN DEN LADEN UM NOCH MEHR ZU SEHEN

DIE BELEUCHTUNG ZUR WEIHNACHTSZEIT IN DEN
EINKAUFSSTRASSEN LOCKEN DIE KUNDEN AN

PREISSENKUNGEN LOCKEN DIE KÄUFER MEHR ZU
KAUFEN ALS SIE BRAUCHEN

REISEANGEBOTE LOCKEN URLAUBER IN BESONDERE
GEGENDEN

TÜRSTEHER LOCKEN BARBESUCHER IN
ZWIESPÄLTIGEN VIERTELN ZUR EINKEHR

ANLOCKEN KANN ICH EICHHÖRNCHEN
DURCH FUTTERPLÄTZE MIT NÜSSEN
ODER VÖGEL IM WINTER DURCH FUTTERHÄUSCHEN

AUCH MEINE KATZEN MUSS ICH ANLOCKEN
ZUM DRINSEIN
WEIL SIE VIEL LIEBER DRAUSSEN TOBEN
DOCH WILL ICH AUCH MIT IHNEN SCHMUSEN

FILMPLAKATE SOLLEN BESUCHER ANLOCKEN
WIE ALLE PLAKATE FÜR THEATER
ODER BESONDERE EVENTS

MERKEN

DAS ABSICHTLICHE EINPRÄGEN VON
INFORMATIONEN
IST EIGENTLICH MERKEN

OFT MUSS MAN INFORMATIONEN WIEDERHOLEN
DAMIT MAN SIE SICH MERKEN KANN

LEIDER MERKEN WIR UNS VON BEDROHENDEN
MOMENTEN DIE UMSTÄNDE VIEL INTENSIVER
UND KÖNNEN UNS VOR DEM BILDLICHEN MERKEN
NICHT SCHÜTZEN

AUCH NEBENBEI WAHRGENOMMENE INFOS
MERKEN WIR UNS OFT
OBWOHL WIR UNS DESSEN NICHT BEWUSST SIND

ANMERKEN ALLERDINGS VERLANGT
EINE ENTÄUSSERUNG
IN MÜNDLICHER ODER SCHRIFTLICHER FORM
ZU EINER AUSSAGE
ODER ZU EINEM SCHRIFTSTÜCK

ANMERKUNGEN KANN MAN IN BEARBEITETEN
BÜCHERN ODER PRÜFUNGSARBEITEN JEDER ART
FINDEN

NEHMEN

NEHMEN VERWEIST AUF EIN SICH ZUEIGNEN
OB ICH NUN
IM GEIST   MIT DER SEELE   ODER MIT DEM KÖRPER
NEHME IST DABEI VÖLLIG OFFEN

WIR NEHMEN WISSEN AUF DURCH BEOBACHTEN
SEHEN   HÖREN   RIECHEN
ODER DURCH LESEN
IN GEZIELT AUSGESUCHTER LITERATUR

ODER BESUCHEN PASSENDE VORTRÄGE
AUCH DURCH DIE MEDIEN WIE RADIO FERNSEHEN
INTERNET NEHMEN WIR FAKTEN ZUR KENNTNIS
DIE WIR ABER NUR KLEINANTEILIG NEHMEN
ALSO UNS ZU EIGEN MACHEN
WEIL SIE UNS PERSÖNLICH ZU WENIG BERÜHREN

ANNEHMEN KANN MAN
GESCHENKE   SENDUNGEN   GLÜCKWÜNSCHE

AUCH ARBEITSBEDINGUNGEN WIRD MAN
ANNEHMEN
WENN ES ZUM PERSÖNLICHEN ZIEL PASST

SO MUSS ICH DEN BISS IN DEN KULI ANNEHMEN
WENN ICH ES MIR MIT DEM KATER NICHT
VERSCHERZEN WILL

DOCH MEIST IST ANNEHMEN
EINE ZWEIFELHAFTE ANGELEGENHEIT

DENN BESSER ALS ANNEHMEN IST ES
WISSEN ZU SAMMELN UND AUS ANNAHMEN
GEWISSHEIT WERDEN ZU LASSEN
ODER IRRTÜMER ZU ERKENNEN

AUCH DAS LEBEN MIT ALLEN VOR UND NACHTEILEN
MUSS JEDER ANNEHMEN
WENN ER DARAN NICHT ZERBRECHEN WILL

NÄHEN

WIR KÖNNEN GEIST UND SEELE NIE NÄHEN
NUR IN DER MATERIELLEN WELT IST DAS MÖGLICH

OB NUN DAS KARNEVALSKOSTÜM
DER HOCHZEITSANZUG ODER DAS TAUFKLEID
ALLE BRAUCHEN ZU IHREM ENTSTEHEN DAS NÄHEN

SELBST ZERRISENES LEDER WERDEN SCHUSTER
VERSUCHEN ZU NÄHEN
OB DIREKT ODER DURCH AUFSETZEN VON FLICKEN
IST SEHR UNTERSCHIEDLICH

KNÖPFE MUSS MAN ANNÄHEN
HAKEN   ÖSEN   VERSCHLÜSSE JEDER ART
MUSS MAN ANNÄHEN

ABER AUCH
VERZIERUNGEN   MODEASSESOIRS   TRESSEN
SCHULTERKLAPPEN   RANGABZEICHEN
AN UNIFORMEN

CLUBSYMBOLE AN SPORTDRESS
ODER FAHNENSYMBOLE
AN NATIONALSPIELERTRIKOTS
SOLLTE MAN ANNÄHEN
DAMIT SIE FEST MIT DEM UNTERGRUND
VERBUNDEN SIND

NAGELN

NAGELN HEISST SO FEST VERBINDEN
DASS ES OHNE GEWALT NICHT MEHR TRENNBAR IST

WIR NAGELN BRETTER ANEINANDER
WENN WIR EINE HÜTTE BAUEN
DACHPAPPE NAGELN WIR MIT LEISTEN
AN DAS TRAGENDE GEBÄLK

SELBST POLSTERER NAGELN DEN BEZUGSSTOFF
AN DAS GESTELL
UM DIE FÜTTERUNG ZU UMSCHLIESSEN

DIE LEITUNGEN KÖNNEN WIR MIT HALTEKLEMMEN
ANNAGELN
DAMIT SIE NICHT VERRUTSCHEN

RANKENKLETTERGESTELLE WERDEN WIR
AN WÄNDEN ANNAGELN
DAMIT DIE DEN PFLANZEN SICHEREN HALT GEBEN

MIT HERINGEN KÖNNEN WIR DIE SCHNÜRE
VON ZELTEN AN DIE ERDE ANNAGELN
DAMIT SIE DIE SPANNUNG DER ZELTPLANEN
ERHALTEN

ORDNEN

MANCHE ORDNEN NUR
WEIL SIE NICHTS WESENTLICHES ANSTREBEN

WIR ORDNEN UNSERE KLEIDUNG
WEIL WIR EINEN BESTIMMTEN EINDRUCK
ERWECKEN WOLLEN

MANCHE ORDNEN IHREN TAGESRHYTHMUS SO
DASS JEDE ABWEICHUNG DAVON UNORDNUNG
IN IHRE GEFÜHLE BRINGT
GEFÜHLE KANN MAN NICHT ORDNEN

ANORDNEN VERLANGT IMMER NACH
EINER HIERARCHIE
SO KANN EIN MITARBEITER
NICHTS FÜR SEINEN CHEF ANORDNEN

IMMER VON OBEN NACH UNTEN
IST ANORDNEN NUR MÖGLICH
ABER BESONDERE SACHKOMPETENZEN
KÖNNEN AUCH ZU ANORDNUNGEN FÜHREN
DIE TEILBEREICHE BETREFFEN

SO WIRD EIN ARZT BETTRUHE ANORDNEN
WEIL ER ZEITWEILIG CHEF FÜR DEN KÖRPER

PACKEN

DIE MEISTEN MENSCHEN VERSTEHEN PACKEN
ALS AKTIVEN PROZESS
ALSO ZUGREIFEN IN KONSEQUENTER KRÄFTIGER
AKTION

AUCH DAS PACKEN DER WEIHNACHTSPÄCKCHEN
IST EINE ÜBLICHE VERSTEHENSWEISE

WIR PACKEN UNSER BÜNDEL IST ABER
SINNÜBERTRAGEND GEMEINT
DASS MAN SICH DAVONMACHT   AUFBRICHT
SEIN INNERES HAB UND GUT
IMMER UND MANCHMAL AUCH DAS ÄUSSERE PACKT

WIR PACKEN DAS NICHT
SAGT AUS DASS MAN EINER AUFGABE
NICHT GEWACHSEN IST

WILLST DU NICHT MAL MIT ANPACKEN
IST EINE ÜBLICHE BITTE UM HILFE

VON FREMDEN MENSCHEN
LÄSST SICH KAUM JEMAND GERN ANPACKEN
WEIL ER EINEN ANGRIFF AUF SEINEN PERSÖNLICHEN
RAUM EMPFINDET

KOMMT ABER EIN ERSEHNTER
FROH ERWARTETER MENSCH AUF DICH ZU
BIST DU ÜBER SEIN ANPACKEN SEELIG
UND WIRST IHN EBENSO HERZLICH ANPACKEN

WENN MAN TIERE STREICHELN WILL
IST OFT EIN SANFTES ERSTES ANPACKEN BESSER
ALS DAS ÄNGSTLICHE ZÖGERNDE HINSCHIEBEN
DER HÄNDE
SIE FÜHLEN BEIM ANPACKEN IN SANFTER FORM
DASS KEINE BÖSE ABSICHT ODER EIGENE ANGST
DAHINTER STECKT

RECHNEN

RECHNEN BEZEICHNET NICHT NUR DEN UMGANG
MIT ZAHLEN

WER MIT EINEM EREIGNIS FÜR SICH ODER ANDERE
RECHNET DER VERRECHNET INFORMATIONEN
DIE SICH ZU EINER ERFAHRUNG VERDICHTEN
UND BESTIMMTES EINTRETEN
WAHRSCHEINLICH WERDEN LASSEN

ES IST EIN RECHNEN MIT DER ERFAHRUNG BLEIBT
ABER LETZTENDLICH IMMER OFFEN

ES GIBT KEINE REALRESULTATE DIE IM VORFELD
BELEGBAR WÄREN
WIE BEIM RECHNEN MIT BEZEICHNETEN MENGEN
IN ZAHLEN

ANGENEHMES WIE UNANGENEHMES
WAS ICH DURCH MENSCHEN ERFAHRE
UND ERLEBE
WERDE ICH IHNEN ANECHNEN

DAS HEISST ICH VERGRÖSSERE IHR KONTO
FÜR ZUNEIGUNG ODER ABLEHNUNG

ZUNEIGUNGSWAGSCHALEN KÖNNEN IN LIEBE
UMSCHLAGEN UND ABNEIGUNGSSCHALEN IN HASS

DIE URSACHE IST DAS ANRECHNEN DES ERLEBTEN
MIT BEWERTUNG ALSO AUCH BEMESSENS
UND DAMIT GEFÜHLTER ZAHLENMENGE

REITEN

AUF DEM THEMA REITEN IST EINE BELIEBTE FORM

ETWAS DURCH STETES WIEDERHOLEN

BEI GEGNERN DURCHZUSETZEN

LEIDER IST OFT IN PARTNERSCHAFTEN

AUCH ZU BEOBACHTEN

DASS AUF KLEINSTEN FEHLERN

DIE „GEGNER" SO LANGE REITEN

BIS DIE EINTRACHT PLATZT

UND KEIN „SICH OBEN HALTEN" MEHR MÖGLICH

IM ERSTEN SCHRITT EINER GEMEINSAMEN
FORTBEWEGUNG ZWISCHEN TIER UND MENSCH
IST DAS ANREITEN ERFORDERLICH

NUR WIRKLICHE FACHLEUTE
SOLLTEN MIT DEM ANREITEN BETRAUT WERDEN
WEIL
DAS KÖNNEN DES MENSCHEN IN DIESEM MOMENT
SO GROSS SEIN SOLLTE
DASS ER AUCH GEFÄHRLICHE TIERREAKTIONEN
ABFANGEN KANN
UM KEINEN SCHADEN ZU ERLEIDEN

JEDER DER EIN JUNGES TIER
BEIM ERSTEN ANREITEN ERLEBT
WEISS UM DIE SPANNUNG AUS DER UNGEWISSHEIT
WIE WIRD DAS TIER REAGIEREN

REDEN

VON SICH REDEN MACHEN HEISST
DASS ETWAS DIE AUFMERKSAMKEIT DER ANDEREN
ERREGT HAT
UND SIE IN DEINER ABWESENHEIT
VON DEINER ARBEIT
ODER DEINER LEBENSWEISE ODER WERKEN REDEN

WIR MÜSSEN REDEN SAGT AN
DASS ES ETWAS ZU KLÄREN GIBT
DASS INHALTE ANGESPROCHEN WERDEN
DIE EH SCHON IN DER LUFT LIEGEN

DA GIBT ES NICHTS ZU REDEN ALLERDINGS
IST DIE ABSAGE AN EINEN INHALTSAUSTAUSCH
DA SIND ENTSCHLÜSSE FEST GEFASST
UND NICHTS IST MEHR ZU BEREDEN

MIT DEM ANREDEN IST DAS SO EINE SACHE WEIL
IMMER EINE DISTANZ ÜBERWUNDEN WERDEN MUSS
BEKANNTE ANREDEN IST ZUR
GESPRÄCHSERÖFFNUNG NORMAL
WILL MAN JEDOCH MIT FREMDEN MENSCHEN INS
GESPRÄCH KOMMEN IST DAS GESCHICKTE ANREDEN
EINE VORAUSSETZUNG FÜR EIN GEWÜNSCHTES
GESPRÄCH
SO SOLLTE BEIM ANREDEN
IMMER DAS VORZUGSTHEMA DES ANGEREDETEN
EINE ROLLE SPIELEN
DANN WIRD ER EHER REAGIEREN
WEIL ER SICH GESCHMEICHELT FÜHLT
WAHRGENOMMEN
UND AUF NOCH MEHR BEACHTUNG HOFFT
VÖLIG FREMDE PERSONEN ANZUREDEN
VERLANGT SCHON EINE MENGE SELBSTVERTRAUEN

ALLERDINGS HABEN MENSCHEN MIT GERINGER
BILDUNG
WENIGER HEMMSCHWELLEN BEIM ANREDEN

VIELLEICHT WEIL AUCH DIE HÄUFIGSTE UMWELT
SIE NICHT RESPEKTVOLL BEHANDELT

SO IST DAS VIELLEICHT NUR DAS SPIEGELBILD
UNSERER ZU GERINGEN ACHTUNG
GEGEN ETWAS ANDERS SICH DARSTELLENDE
MENSCHEN

RUFEN

LAUTES ENTÄUSSERN MITTELS DER LUFT
NUR WENN DIE LUFT DEN SCHALL WEITERTRÄGT
KANN ER AUCH BEIM ANDEREN ANKOMMEN

AUCH WASSER KANN SCHALL ÜBERTRAGEN
SO GIBT ES AUCH BEI DELPHINEN RUFLAUTE IN DER
KOMMUNIKATION MIT IHREN ARTGENOSSEN ODER
KINDERN

TIERE AN LAND RUFEN
MIT DEN UNTERSCHIEDLICHSTEN LAUTEN
SICH INFORMATIONEN ZU

TIEREN IN DER LUFT IST EBENFALLS DAS
GEGENSEITIGE RUFEN EIGEN

ANRUFEN WIRD HEUTE NUR NOCH
ALS TECHNISCH WEITERGELEITETER
KOMMUNIKATIONSPROZESS VERSTANDEN

DAZU DIENT SEIT REICHLICH HUNDERT JAHREN
DAS TELEFON PER FUNKWELLENÜBERTRAGUNG

DIE KOSTEN HABEN SICH FÜR DAS ANRUFEN DURCH
NEUE TECHNOLOGIEN SEHR VERÄNDERT

ALLERDINGS GAB ES SEIT MENSCHENGEDENKEN
BEREITS DAS ANRUFEN

GÖTTER WURDEN ANGERUFEN
UM AUF DER ERDE DEN MENSCHEN BEIZUSTEHEN

SO KÖNNEN WIR HEUTE NOCH IN ALLEN RELIGIONEN
DAS ANRUFEN MYSTISCHER NICHT GREIFBARER
PERSONEN BEOBACHTEN

SELBST ATTENTÄTER DER GEGENWART
RUFEN BEIM TÖTUNGSGESCHEHEN NACH IHREM
VERMEINTLICHEN AUFTRAGSGEBER

ROLLEN

WIR ROLLEN UNS IM BETT
EBENSO UM UNSERE ACHSE WIE IM SCHNEE
WENN WIR ÜBERMÜTIG SIND

DIE AUGEN ROLLEN WIR WENN WIR
UNSEREN NICHTGLAUBEN   ZWEIFEL
ODER UNWAHRSCHEINLICHKEIT DES ERZÄHLTEN
BEKUNDEN WOLLEN

ABER AUCH BEIM STAUNEN ROLLEN DIE AUGEN
WEIL SIE SICH FÜR MOMENTE DEM INNEREN
ZUWENDEN UND NICHT NUR DEM SEHEN

IM ALLTAG ROLLEN WIR ALLES
WAS WIR RUNDEN WOLLEN
VON DER AUS DER TEIGROLLE GELEGTEN BREZEL
BIS ZUM KLOSS

WENN WIR IM ZUG SITZEN
UM EINE ERWÜNSCHTE REISE ZU BEGINNEN
ERLEBEN WIR DAS ANROLLEN DER RÄDER
ALS DEN WIRKLICHEN START

BEI ROLLTREPPEN DIE EINE AUTOMATIK HABEN
BEIM BETRETEN ERST DAS ANROLLEN ZU
AKTIVIEREN
ERLEBT DER BENUTZER IMMER EINE GEWISSE
SPANNUNG OB SIE ANROLLEN WIRD

SELBST IM SELBST GEFAHRENEN AUTO IST DAS
ERSTE ANROLLEN IMMER BERUHIGEND
WENN MAN SCHON MAL MIT EINEM AUTO
MIT MECHANIKÜBERTRAGUNGSSCHWIERIGKEITEN
GELEBT HAT

ALLERDINGS
UNERWÜNSCHTES ANROLLEN
KANN UNANGENEHME FOLGEN HABEN

SCHREIBEN

SCHREIBEN SCHAFFT
DIE UNABHÄNGIGKEIT VOM FAKTOR ZEIT
BEIM SPRECHEN BEDARF ES DES HÖRERS
DER OHNE TECHNISCHE HILFSMITTEL
ZUGEGEN SEIN MUSS

DURCH DAS SCHREIBEN KANN
ZU JEDEM BELIEBIGEN ZEITPUNKT
DIESE INFORMATION ODER ANWEISUNG
ABGERUFEN WERDEN
ES IST EINE MATERIALISIERUNGSEBENE
GEISTIGEN GUTES
GESCHRIEBENES IST LESBAR

ALLERDINGS VERLIERT DER SCHREIBER
AUCH DAS WIRKLICHE EIGENTUM
AN DEM GESCHRIEBENEN DENN ER ÜBERGIBT
SEIN GEISTES GUT IN EINE ÄUSSERE WELT

IM JURISTISCHEN SINN KANN ER ZWAR
EIGENTUMSANSPRÜCHE AN DEN GEISTIGEN
AUSSAGEN ANMELDEN
DOCH IST LANGE GENUG ZEIT VERGANGEN
VERFÜGT DIE GANZE WELT ÜBER DIESE
MATERIALISIERTEN GEDANKEN IN SCHRIFTFORM

SCHON IN DER ÜBERSCHRIFT EINER MITTEILUNG
GESTALTET MAN DAS ANSCHREIBEN
DURCH ÜBLICHE FLOSKELN

SO WIE MAN UNTERSCHIEDLICH ANREDET
SO WIRD AUCH DIE FORM MEINES ANSCHREIBENS
UNTERSCHIEDLICH GESTALTET

WILL ICH GEGENSTÄNDE VERKAUFEN
DANN KANN ICH AN DAFÜR VORGESEHENEN TAFELN
DAS ANSCHREIBEN
DAMIT ES FÜR POTENTIELLE KÄUFER
ZU LESEN IST

WILL ICH EINE KLAGE EINREICHEN
WERDE ICH DAS GERICHT ANSCHREIBEN
DASS SIE SICH MEINES FALLES ANNEHMEN

IM SUPERMARKT WERDEN DIE VERKÄUFER
REGELMÄSSIG BESONDERE WAREN ANSCHREIBEN
DAMIT DIE KUNDEN
EXTRA DARAUF AUFMERKSAM WERDEN

AUCH BEI RESTAURANTS KANN MAN SEHEN
DASS WIRTE BESONDERE TAGESANGEBOTE
ANSCHREIBEN
OB AUF FENSTER TAFELN ODER PLAKATEN IST EGAL

STIMMEN

WIR STIMMEN ALLE ERGEBNISSE AB
DAS HEISST WIR VERGLEICHEN SIE MITEINANDER

BEI EINER WAHL STIMMEN WIR NACH UNSEREN
ÜBERZEUGUNGEN FÜR DEN EINEN ODER ANDEREN

DIE WERTENORMEN VON FREMDEN
SOLLTEN STIMMEN
SONST GEHT IHR VERHALTEN
ZU UNTERSCHIEDLICHE WEGE

MEINUNGEN STIMMEN OFT NICHT ÜBEREIN UND
MÜSSEN NACH ARGUMENTEN SUCHEN

FÜHLT EIN MENSCH DASS GEFÜHLE STIMMEN
DAS HEISST ER FINDET ANZEICHEN DAFÜR
DASS SIE ERWIDERT WERDEN
WIRD ER SICH GEBORGEN FÜHLEN

ZUR SIEGEREHRUNG
BEI INTERNATIONALEN SPORTWETTKÄMPFEN
WERDEN DIE VERANSTALTER
DIE NATIONALHYMNE DES SIEGERS ANSTIMMEN

IN DER KIRCHE WIRD DER ORGANIST DURCH SEIN
ORGELSPIEL DEN GEMEINDEGESANG ANSTIMMEN

BEI GEBURTSTAGSFESTEN WIRD DIE FAMILIE DAS
GEBURTSTAGSLIED ANSTIMMEN

ANSTIMMEN VERWEIST AUF EINE GRUPPE
DIE DAS GLEICHE SINGT

SCHIESSEN

MANCHMAL SCHIESSEN MENSCHEN
BEI IHREM HANDELN ÜBER DAS ZIEL HINAUS
INDEM SIE SICH MEHR KOMPETENZ ZUSCHREIBEN
ALS IHNEN ZUSTEHT

RAKETEN UND SATELLITEN WERDEN
INS ALL GESCHOSSEN
BEI DENEN NUR BERECHNUNGEN
NOCH DAS ZIEL ANSTEUERN

PFLANZEN SCHIESSEN BEI ZU GROSSEM
LICHTMANGEL INS KRAUT UND BILDEN KEINE
FRÜCHTE ODER SIE BILDEN INSTABILE HALME UND
MAN SAGT SIE SEIEN GEIL
ALSO ZU SCHNELL HOCH GESCHOSSEN
WEIL SIE DAS LICHT SUCHTEN

TIERE DIE AUS UNFÄHIGKEIT DES JÄGERS
NUR ANGESCHOSSEN WURDEN
SIND EINE SEHR GROSSE GEFAHR

BEI MENSCHEN DIE ANGESCHOSSEN WURDEN
IST OFT NOCH EINE LEBENSRETTUNG MÖGLICH

BEI TIEREN MEIST EIN GRAUSAMES VERENDEN

ANSCHIESSEN VON TIEREN EMPFINDE ICH
ALS EIN SEHR GRAUSAMES VERGEHEN

ALLERDINGS BIN ICH FÜR GEZIELTES ANSCHIESSEN
EINES TÄTERS
WENN DADURCH MENSCHENLEBEN GERETTET
WERDEN KÖNNEN

STOSSEN

DAS KRAFTVOLLE BERÜHREN EINES GEGENSTANDES
ODER MENSCHEN
UM IHN VON SICH WEG ZU BEWEGEN
IST DAS STOSSEN

SO STOSSEN WIR DAS BILLARDQUEU
IN DIE RICHTUNG DER GEWÜNSCHTEN KUGEL

DEN BALL BEIM VOLLEYBALL STOSSEN WIR
ÜBER DAS NETZ

BOBFAHRER STOSSEN ZUM START DEN BOB
IN DIE BEWEGUNG UND SPRINGEN DANN HINEIN

BEIM SCHAUKELN STOSSEN WIR
DEN SCHAUKELNDEN FÜR MEHR SCHWUNG

ACH WIE FRÖHLICH IST EIN ANSTOSSEN

IN GESELLIGER RUNDE

AUCH ANSTOSSEN VON BEWEGUNGEN

DIE AUS IDEEN ENTSTANDEN

KANN SEHR FOLGENREICH SEIN

DENKPROZESSE ANSTOSSEN

IST DAS ZIEL JEDES LEHRENDEN

EGAL OB BEI KINDERN ODER ERWACHSENEN

ABER EIN ANSTOSSEN DES KÖRPERS

AN HINDERNISSE

HAT OFT BEULEN VERLETZUNGEN

JEDOCH FAST IMMER SCHMERZEN ZUR FOLGE

SCHÜTTEN

WIR SCHÜTTEN UNS ASCHE AUFS HAUPT BESAGT
ETWAS BEREUEN
SO ALS WÄR MAN VERBRANNT UND NICHT MEHR DA

WIR SCHÜTTEN UNS AUS VOR LACHEN
ERZÄHLT VON DER UNBÄNDIGEN HEFTIGKEIT
DES LACHREIZES UND DER ZEITLICHEN DAUER

AUCH SPRICHT MAN
VOM SAND INS GETRIEBE SCHÜTTEN
DANN MEINT MAN DAMIT
DAS VORSÄTZLICHE STÖREN UND BEHINDERN
EINES ARBEITSGANGES
ODER EINES SOZIALEN BINDUNGSAUFBAUS
DURCH GERÜCHTE UND VERLEUMDUNG

KARTOFFELN SIND NACHTSCHATTENGEWÄCHSE
DESHALB SOLLTE MAN SIE ANSCHÜTTEN
DAMIT DIE KNOLLEN IN RUHE IN DER ERDE
WACHSEN KÖNNEN

AUCH SPARGELBEETE WERDEN ANGESCHÜTTET
DAMIT DIE SPITZEN NICHT AUS DER ERDE
HERAUSWACHSEN

STEIGEN

AUF LEITERN MÜSSEN WIR STEIGEN
DENN DAZU SIND SIE GEBAUT

SCHORNSTEINFEGER MÜSSEN AUF DÄCHER STEIGEN
UM DIE KAMINE ZU REINIGEN

TREPPEN KÖNNEN NUR IHREN ZWECK
DES ÜBERWINDENS
VON HÖHENUNTERSCHIEDEN ERFÜLLEN
WENN WIR AUF IHNEN NACH OBEN
UND NACH UNTEN STEIGEN

BÖRSENKURSE STEIGEN ODER FALLEN
DAS BRINGT DER FREIE MARKT SO MIT SICH

AUF DAS FAHRRAD MÜSSEN WIR AUCH STEIGEN
SONST KÖNNEN WIR ES NICHT NUTZEN

MIT DEM ANSTEIGEN VERBINDEN WIR
NICHT NUR WEGHÖHENUNTERSCHIEDE

AUCH PREISE KÖNNEN ANSTEIGEN
WIE AUCH LEBENSUNTERHALTSKOSTEN

DASS STROMPREISE ANSTEIGEN
MERKEN DIE NUTZER OFT ERST NACH GENAUEM
LÄNGEREN VERGLEICH
WEIL DIE NUTZUNG JA AUCH WITTERUNGS
UND LEBENSUMSTÄNDEHALBER VARIIERT

DASS EIN LEBENSSTANDART ANSTEIGT
HÄNGT OFT NICHT NUR VOM FLEISS AB
AUCH FLEXIBILITÄT UND ZIELSTREBIGKEIT
GEPAART MIT MANCHMAL GÜNSTIGEN UMSTÄNDEN
TRAGEN DAZU BEI

STRÖMEN

UNSER BLUT MUSS UNGEHINDERT
DURCH DIE ADERN STRÖMEN
SONST DROHT UNTERVERSORGUNG
BESTIMMTER KÖRPERREGIONEN
BIS ZUR LEBENSGEFAHR

UNTERSCHIEDLICH TEMPERIERTE LÜFTE
STRÖMEN AN EINANDER VORBEI
UND BESCHLEUNIGEN EINANDER

SOLCHE LUFTSTRÖME SIND URSACHE
FÜR TORNADOS   HURRICANS
UND ÄHNLICHE TURBULENZEN

ZU MANCHEN BESONDERS INTERESSANTEN
AUSSTELLUNGEN STRÖMEN
FÖRMLICH DIE BESUCHER

SIE DRÄNGEN MITREISSEND –
DAS IST DER UNTERSCHIED ZUM FLIESSEN

DAS ANSTRÖMEN WIRD MEISTENS
DURCH EINLASSKONTROLLEN DER TICKETS
ODER IN DER GEGENWART
AUS SICHERHEITSGRÜNDEN WEGEN
DER TASCHENKONTROLLE
GESTOPPT

ZUSTRÖMEN IST ABSTRAKTER ALS ANSTRÖMEN
DAMIT WIRD DAS ZIEL KONKRET GEMEINT

SPIELEN

WIR SPIELEN IM GEISTE GEDANKEN DURCH
INDEM WIR SIE VON VERSCHIEDENEN SEITEN
BELEUCHTEN

WENN WIR MIT EINEM GEDANKEN SPIELEN
BEREITEN WIR UNS EIGENTLICH BEREITS
AUF DIE UMSETZUNG IN DIE AUSSENREALITÄT VOR

MIT DEN GEFÜHLEN ANDERER MENSCHEN
ZU SPIELEN
IST DAS VERWERFLICHSTE
WAS ES FÜR MICH GIBT
WEIL DIE SEELEN OFT NICHT SO WEHRHAFT SIND
WIE DER KÖRPER

MANCHE SPIELEN SICH VORSÄTZLICH IN DEN
VORDERGRUND

DAS ANSPIELEN IST MEIST MIT VERBORGENER
SCHÄDLICHER ABSICHT VERBUNDEN

OB MAN ÄRGERN WILL INDEM MAN
AUF VERGANGENHEIT ANSPIELT
ODER DURCH KENNTNIS PRIVATER EREIGNISSE
ZUKÜNFTIGES GESCHEHEN BEEINFLUSST
IST BEIDES INFAM

DAMIT IST NICHT DAS ANSPIELEN EINES
SPORTSPIELS GEMEINT
DENN DAS STARTET NUR DEN BEGINN

DAS WERTVOLLE GEGENSTÜCK GEGEN DAS
HINTERHÄLTIGE ANSPIELEN
IST DIE OFFENHEIT ODER DAS SCHWEIGEN

STEUERN

STEUERN IST UMFASSENDER ALS LENKEN
DENN DAS STEUERN UMFASST DAS GANZE WESEN

SO STEUERT MICH MANCHMAL EIN GEFÜHL
DAS ICH SELBST NICHT STEUERN KANN
IN EINE SITUATION
DER ICH MANCHMAL NUR MIT HILFE ENTKOMME

AUCH PARANOIDE GEDANKEN KÖNNEN
MEIN HANDELN STEUERN
OHNE DASS ICH MEIN HANDELN
WIRKLICH LENKEN KANN

DIE STEUERELEKTRONIK
EINES TECHNISCHEN GERÄTES KANN VERSAGEN
SO DASS ES ZU AUSFÄLLEN
ODER FEHLLENKUNGEN VON ARBEITSGÄNGEN
IN EINEM ABLAUFPROZESS KOMMT

BEI AUTOAUSFLÜGEN ENTSCHEIDET MAN IMMER
OB MAN EINFACH SO HERUMFÄHRT
ODER OB MAN EIN BESTIMMTES ZIEL ANSTEUERN
WILL

MANCHMAL LOCKT EINE GUTE REKLAME AM WEG
UM EINE AUSSTELLUNG
EINEN BESONDEREN NATURSCHAUPLATZ
ODER AUCH EIN RESTAURANT ANZUSTEUERN

HAT MAN EIN PERSÖNLICH WICHTIGES ZIEL
VOR AUGEN DAS MAN ANSTEUERN WILL
IST MAN BEREIT DIE GRÖSSTEN HINDERNISSE
AUS DEM WEG ZU RÄUMEN

SPITZEN

MANCHE MENSCHEN SPITZEN IHRE ZÄHNE
DAMIT SIE VAMPIREN ÄHNLICHER SIND

MIR SIND LIEBER MENSCHEN
DIE IHRE OHREN SPITZEN
WEIL SIE NEUGIERIG NACH WISSEN SIND

DIE ABER IHRE OHREN SPITZEN
UM GEHEIMNISSE ZU ERFAHREN
DIE SIE VERRATEN KÖNNEN
SIND MIR SUSPEKT

DAS OHREN SPITZEN DARF NUR DEM WISSENSUCHEN
DIENEN

ANSPITZEN KANN MAN NICHT NUR BLEISTIFTE
UND SCHIEFERGRIFFEL

AUCH ZAUNPFÄHLE UND SPEERE
ODER ZELTAUFBAUHERINGE
WIE AUCH FINGERNÄGEL

NUR DASS DAS ZIEL
JEWEILS ANDERE FUNKTIONEN HAT

ABER DER LEHRMEISTER WIRD DEN LEHRLING
AUCH ANSPITZEN – MEINT ERMAHNEN –
WENN ER ZU LIEDERLICH ARBEITET
ODER UNZUVERLÄSSIG ZUR AUSBILDUG ERSCHEINT

SCHRAUBEN

SCHRAUBEN VERLANGT SPEZIELLE WERKZEUGE
JE NACH DER FUNKTION UND BESCHAFFENHEIT
KANN MAN MIT FINGERN
SPEZIALSCHRAUBENDREHERN
ZANGEN
ODER GROSSEN ANTRIEBSMOTOREN SCHRAUBEN

AUCH BEIM SCHRAUBEN MIT SCHRAUBENDREHERN
BEDARF ES DES FÜHLENDEN GESCHICKS DER HÄNDE
OB WIR NOCH SCHRAUBEN ODER NUR NOCH
KREISBEWEGUNGEN VOLLZIEHEN

HALTERUNGEN FÜR DIVERSE DINGE MÜSSEN WIR
MEIST AN WÄNDE ODER TÜREN ANSCHRAUBEN

DURCH DAS ANSCHRAUBEN
WIRD EINE STABILE VERBINDUNG ERREICHT
DIE ÄUSSERER BELASTUNG STANDHALTEN

WIE WESENTLICH RICHTIGES VORBEDACHTES
STABILES ANSCHRAUBEN IST
WIRD ERST REALISTISCH
WENN DAS ANGESCHRAUBTE
SICH AUS DER VERSCHRAUBUNG LÖST
UND DIE FAST TROCKENE WÄSCHE ZUM BEISPIEL
WIEDER IN DIE GEFÜLLTE BADEWANNE FÄLLT

AUCH DAS AN DEN BAUM
ANGESCHRAUBTE BAUMHAUS
SOLLTE SICHERHEIT FÜR SPIELENDE KINDER
GARANTIEREN

STELLEN

UNSERE GEFÜHLE BRINGEN WIR
IN EINE BESTIMMTE ERWARTUNGSHALTUNG
INDEM WIR UNS SITUATIONEN
DIE WIR ERWARTEN
STELLEN
OB ZUM KAMPF ODER ZUM RÜCKZUG
STELLT ERST DIE VERRECHNUNG DER SITUATION
WIRKLICH FEST

BETRIEBE STELLEN PERSONEN EIN
DIE SIE FÜR BESTIMTE POSITIONEN
ALSO AUFGABE ALS GEEIGNET ANSEHEN

WIR STELLEN UHREN DURCH VERDREHEN DER
ZEIGER ODER DIGITS AUF DIE REALE ZEIT

WECKER STELLEN WIR AUF GEWÜNSCHTE
ALARMZEITEN

JEDER HASST ANSTELLEN
OB AN DER SUPERMARKTKASSE
ODER AM FLEISCHSTAND

ABER BEIM ANSTELLEN NACH SEHR BEGEHRTEN
TICKETS FÜR BESONDERE EVENTS
BRINGEN WIR OFT GROSSE GEDULD AUF

TEILWEISE MUSS MAN SICH INZWISCHEN
AUCH SCHON BEI ELEKTRONISCHER
TICKETVERGABE ANSTELLEN
WEIL DAS NETZ ÜBERLASTET IST

ICH EMPFINDE AM NERVIGSTEN
WENN ICH MICH BEI TELEFONISCHEN DIENSTEN
ANSTELLEN MUSS
DAS ANSTELLEN WIRD DANN OFT DURCH NERVENDE
MUSIK UND ANSAGEN UNTERBROCHEN
WAS DANN SOLCHES ANSTELLEN
NOCH WIDERWÄRTIGER WERDEN LÄSST

SCHLAGEN

DAS SCHNELLE GERICHTETE BEWEGEN
VON KRÄFTEN
KÖNNTE MAN SCHLAGEN NENNEN

DABEI SIND DIE ZIELE
UND DIE KRAFT FÜHRENDEN WERKZEUGE
SEHR UNTERSCHIEDLICH

OB MIT ZEITUNGEN SCHLAGEN
ODER MIT DEM SCHMIEDEHAMMER
REGULIERT NUR DIE SCHLAGGEGENSTÄNDE
EIGENKRÄFTE

VOM HUND ERWARTEN WIR
DASS ER ANSCHLAGEN SOLL
WENN FREMDE SICH DEM HEIM HEIMLICH NÄHERN
UM VOR ÜBERRASCHUNGEN GEWARNT ZU SEIN

BEI STAFFELLÄUFEN MÜSSEN DIE FERTIGEN LÄUFER
DEN BEGINNENDEN LÄUFER ANSCHLAGEN

AUF JAHRMÄRKTEN JUBELN DIE ZUSCHAUER
WENN ES JEMANDEM GELINGT
DASS DIE AUFGEWENDETE KRAFT
ZUM ANSCHLAGEN DES BEWEGLICHEN TEILS
AN DER OBERGRENZE GELINGT

SETZEN

MAN KANN BUCHSTABEN IN VORBEREITUNG
EINES DRUCKVORGANGES SETZEN

KLEINKINDER SETZEN WIR IN KINDERWAGEN
ODER SOGAR EINKAUSWAGEN
UM SIE BEQUEMER VON A NACH B ZU BEWEGEN

MALER SETZEN LICHTPUNKTE IN AUGEN
UM DIE SCHEINBARE LEBENDIGKEIT ZU ERHÖHEN

IN KARTEIEN SETZEN WIR TABS
AUF BESTIMMTE OFT GESUCHTE INHALTE

WEINBAUERN WERDEN REGELMÄSSIG
WEINE ANSETZEN

AUCH KLEINGÄRTNER KANN MAN FINDEN DIE
DIE UNTERSCHIEDLICHSTEN FRÜCHTE
ZUM VERGÄREN ANSETZEN

ABER DAS ANSETZEN EINES DETEKTIVS
AUF EINE BESTIMMTE PERSON
DIENT DEM SUCHEN NACH INFORMATIONEN

ÜBERTRAGEN KÖNNTE MAN DENKEN
DURCH DIESES ANSETZEN KOMMT ES ZUM GÄREN
DER VERDACHTSMOMENTE
DIE DANN ALS REIFES ERGEBNIS
ZUM HANDELN ERMUTIGEN

SCHNEIDEN

SCHNEIDEN IST DAS TEILEN
MITTELS EINES GEGENSTANDES

GUT EIGNET SICH DAS
MIT EINER GESCHLIFFENEN KLINGE

JEWEILS VOM ZU TEILENDEN ABHÄNGIG
SCHNEIDEN WIR MIT
SCHEREN   MESSERN   SÄGEN   FRÄSERN
DAS MATERIELLE

MAN SCHNEIDET KERBEN ZU FIGUREN IN HOLZ
ODER NAMEN UND AUCH STEINEN
AUF JEDEM GRABSTEIN

STUCKATEURE SCHNEIDEN MUSTER IN GIPS
UM DEKORATIONSAUFTRÄGE ZU ERFÜLLEN

ANSCHNEIDEN MÜSSEN WIR
NICHT NUR DEN SONNTAGSBRATEN
AUCH DIE ZUM WEIHNACHTSFEST
GEBACKENE CHRISTSTOLLE

WILL MAN BRISANTE THEMEN ANSCHNEIDEN
BRAUCHT ES COURAGE
DENN OFT BEKOMMT DER
DER DAS THEMA ANSCHNEIDET
DEN ERSTEN GEGENHIEB
VON DER ABLEHNENDEN FRAKTION AB

DAS ANSCHNEIDEN DER HOCHZEITSTORTE
WIRD VON DEN GÄSTEN MIT KLATSCHEN BEGLEITET

SCHAUEN

TIERZÜCHTER SCHAUEN NACH BESTIMMTEN
MERKMALEN DER ZUCHTELTERN
WEIL SIE AUF ÄHNLICHE EIGENSCHAFTEN
BEI DEM NACHWUCHS HOFFEN

WIR SCHAUEN EINANDER IN DIE AUGEN
WENN WIR DIE EHRLICHKEIT DER ANDEREN
ERGRÜNDEN WOLLEN

HUNDEN SOLLTE MAN NICHT
IN DIE AUGEN SCHAUEN
WEIL SIE DAS ALS BEDROHUNG
EMPFINDEN KÖNNTEN

BILDER WERDEN GEMACHT
DAMIT ANDERE MENSCHEN SIE ANSCHAUEN

FILME WERDEN GEDREHT
UM SIE MENSCHEN ZUM ANSCHAUEN
VORZUFÜHREN

URLAUBSBILDER WERDEN WIR UNS IM
FAMILIENKREIS FRÖHLICH ERINNERND ANSCHAUEN

HÄUSER DIE WIR KAUFEN WOLLEN
WERDEN WIR UNS VORHER GENAU ANSCHAUEN
UM VERDECKTE MÄNGEL ZU ENTDECKEN

SCHICKEN

WIR SCHICKEN KRÄNKELNDE MENSCHEN
ZU ÄRZTEN UND SCHWIERIGE FÄLLE
SCHICKEN WIR ZU SPEZIALISTEN

ENTWICKLUNGSHELFER SCHICKEN WIR ZU
NOTLEIDENDEN MENSCHEN
UND SPENDEN SCHICKEN WIR AN SERIÖSE
ORGANISATIONEN ZUM VERTEILEN

KIRCHEN SCHICKEN APOSTEL IN DIE GANZE WELT
UM IHREN GLAUBEN ZU VERBREITEN

SICH ANSCHICKEN HEISST

ETWAS ENDLICH ZU BEGINNEN

ZUMINDESTENS VORBEREITUNGEN ZU TREFFEN

FÜR EINEN BEGINN

BUSREISEGRUPPEN BEOBACHTEN

DIE VERANSTALTER RECHT GENAU

OB SIE SICH ANSCHICKEN BEI KAFFEEPAUSEN

SIE DURCH VERKAUFSANGEBOTE ZU VERFÜHREN

SCHLIESSEN

SUCHEN WIR NACH GEFÜHLEN
SCHLIESSEN WIR OFT DIE AUGENLIDER
UM UNS NICHT VON ÄUSSEREM ABLENKEN
ZU LASSEN

NEUBAUTEN MÜSSEN WIR
AN INFRASTRUKTURSYSTEME ANSCHLIESSEN
OB WASSER   ABWASSER   GAS   ELEKTIK
ALLES BEDARF DES ANSCHLIESSENS AN EIN NETZ

DIE KOMMUNIKATIONSSYSTEME
MIT UNTERSCHIEDLICHER LEISTUNGSFÄHIGKEIT
KONKURRIEREN MITEINANDER
DARUM WERBEN PROVIDER DASS SIE IHR SYSTEM
AN EINZELNE VERBRAUCHER ANSCHLIESSEN
DÜRFEN ÜBER PREISANGEBOTE

SAGEN

INHALTE IN WÖRTERN AUSDRÜCKEN
FÜHRT ZUM SAGEN
WIR SAGEN FORDERUNGEN
ODER BITTEN
AUCH KÜNFTIGES VERHALTEN SAGEN WIR
MANCHMAL DEM ANDEREN

BEIM SAGEN IST DAS ALLGEMEINE SPRECHEN
AUF DEN SENDER UND EMPFÄNGER ALSO
DAS ZWISCHENMENSCHLICHE DIREKTE
KOMMUNIZIEREN MIT SPRACHE BEZOGEN

NICHT NUR DAS ANSAGEN AKTUELLER EREIGNISSE
IN DEN MEDIEN
IST EINE VERANTWORTUNGSVOLLE AUFGABE

ANSAGEN KÖNNEN SICH AN VIELE ODER AUCH
EINZELNE WENDEN
MACHE ICH EINEM EINZELNEN EINE ANSAGE
DANN IST DAS MEIST BEDROHLICH DENN
ES WIRD QUASI EINE FRIST
FÜR EINE VERÄNDERUNG GESETZT

SCHREIEN

KLEINE KINDER SCHREIEN
WEIL SIE NOCH NICHT ÜBER SPRACHE VERFÜGEN
AM SCHREIEN KÖNNEN MÜTTER OFT SCHON
QUENGELN ODER WIRKLICHES BEDÜRFNIS
ERKENNEN

SCHREIEN WERDEN ABER AUCH STREITHÄHNE
DENEN DIE ARGUMENTE AUSGEHEN

HILFSBEDÜRFTIGE SCHREIEN
UM HILFE ZU RUFEN
BESONDERS STARKE SCHMERZEN SIND OFT
AUCH URSACHE FÜR LAUTES SCHREIEN

BEI WETTKÄMPFEN KANN MAN OFT
AN DEN STRECKENVERLÄUFEN HÖREN
WIE SIE DEN KÄMPFERN ANSPORNRUFE ZUSCHREIEN

ELTERN DIE IHRE KINDER ANSCHREIEN
VERURSACHEN OFT EIN NICHTMEHRZUHÖREN

SCHIEBEN

GESTÄNDNISSE SCHIEBEN WIR OFT VOR UNS HER
UM DIE AHNDUNG SO LANGE WIE MÖGLICH
VON UNS WEG ZU SCHIEBEN

ABER WIR SCHIEBEN EINE RUHIGE KUGEL MEINT
DASS DAMIT NUR UNSERE AKTIVITÄT BESCHRIEBEN
WIRD
DIE NICHT FLEISSIG UND EMSIG IST

RELAISHEBEL SCHIEBEN WIR IN BESTIMMTE
LEISTUNGSPOSITIONEN

AUCH BROTE UND BRÖTCHEN
WERDEN BÄCKER IN DEN HEISSEN BACKOFEN
SCHIEBEN

STAATLICHE FÖRDERMITTEL WERDEN VERGEBEN
UM GEMEINNÜTZIGE INITIATIVEN ANSCHIEBEN
DAS HEISST STARTEN
ZU KÖNNEN

WIR HÖREN IMMER VOM ANSCHIEBEN
DER WIRTSCHAFT
DOCH DER BEGRIFF IST EIN FETISCH WEIL
DIE WIRTSCHAFT KANN MAN NICHT
ANSCHIEBEN
NUR EINZELNE ZWEIGE KANN MAN ANSCHIEBEN
ÜBERBRÜCKEND UNTERSTÜTZEN

ANSCHIEBEN HAT NUR ZWECK
WENN DADURCH DIE EIGENAKTIVITÄT
ANGESCHOBEN WIRD
ANSONSTEN IST ANSCHIEBEN VERGEUDETE KRAFT

TUN

AUFFORDERUNGEN ETWAS ZU TUN
WERDEN VOM KLEINSTEN LEBENSALTER AN
AN UNS HERANGETRAGEN

BIS WIR VERINNERLICHEN WAS ZU TUN IST
IN EINER UMGEBENDEN WELT
VERGEHEN OFT NICHT NUR JAHRE
MANCHE SCHAFFEN ES
IN IHREM GANZEN LEBEN NICHT

SIE RICHTEN IHR TUN NUR
NACH IHREN INNEREN BEDÜRFNISSEN
UND ORIENTIEREN SICH NICHT AUSSEN

VON DER GESELLSCHAFT
KANN SOLCHES TUN ZWAR VERWORFEN WERDEN
DOCH SCHAFFEN ES DIE GEGENPOLE OFT NIE
IHRE INNEREN BEDÜRFNISSE MIT IN IHR TUN
EINFLIESSEN ZU LASSEN
BEIDES IST IM EXTREMFALL
EIN FALSCHES MASS FÜR TUN

WAS KANN SICH EIN MENSCH ALLES ANTUN
NICHT NUR EINE KÖRPERLICHE VERLETZUNG
KANN ER SICH ANTUN
STETIGES HETZEN UND ÜBERLASTEN SEINER
EIGENEN PERSON WIRD NICHT NUR IHM
SCHADEN ANTUN
AUCH SEINER UMGEBUNG
WIRD ER DAMIT ETWAS ANTUN

WIE OFR HÖRT MAN DIE REDE
WAS WERDE ICH MIR DAMIT NUR ANTUN
DER SPRECHER ERWARTET SCHON EINE EINENGUNG
SEINER FREIHEIT ODER EINE BELASTUNG
UND TROTZDEM WIRD ER ES SICH ANTUN
ZUM BEISPIEL EIN PFERD KAUFEN MIT ALLEN
PFLEGEPFLICHTEN ODER EINEN HUND
DEN ER TÄGLICH MIT DESSEN BEDÜRFNISSEN
VERSORGEN MUSS

ELTERN DIE DIESEN GEDANKEN
BEIM SOGENANNTEN KINDERPLANEN HABEN
SOLLTEN MIT UNFRUCHTBARKEIT GESEGNET SEIN

TREFFEN

TREFFEN IST IM REALEN MITEINANDER
VON MENSCHEN MÖGLICH
OB KLASSENKAMERADEN TREFFEN VORBEREITEN
ODER FAMILIEN
ZU GEBURTSTAGEN TREFFEN ORGANISIEREN
ODER WISSENSCHAFTLER
BEI TAGUNGEN SICH TREFFEN
BESCHREIBT IMMER EIN BEGEGNEN

IM REIN MATERIELLEN BEREICH
GIBT ES AUCH DAS TREFFEN
ZUM BEISPIEL EINES PFEILS INS SCHWARZE
ODER DES FUSSBALLS INS TOR

INS SCHWARZE TREFFEN
KANN AUCH EINE VORHERSAGE

UNVORANGEMELDETE BESUCHER
WÜNSCHEN SICH TROTZDEM
DEN BESUCHTEN ANZUTREFFEN

GERICHTSVOLLZIEHER MÜSSEN DEN SCHULDNER
ANTREFFEN
DAMIT SIE IHREN KUCKUCK KLEBEN KÖNNEN

FANS GEHEN OFT AUF EVENTS IN DER HOFFNUNG
DASS DIE DEN VEREHRTEN STAR DORT ANTREFFEN

ZU SPRECHSTUNDEN VON
DIENSTSTELLEN UND ÄMTERN ERWARTEN WIR
DASS WIR KOMPETENTE MITARBEITER
DORT ANTREFFEN

TRAGEN

LASTEN TRAGEN KENNT JEDER

AUCH KLEIDER TRAGEN IST ALLEN BEKANNT

SO TRAGEN PFEILER OFT DIE DÄCHER

VON BESONDEREN BAUTEN

ODER KINDER LASSEN SICH

VON IHREN ELTERN TRAGEN

AUCH WENN SIE SCHON SELBST LAUFEN KÖNNEN

AN FEHLERN DIE WIR BEGANGEN HABEN

TRAGEN WIR OFT LEBENSLANG

ANTRAGEN IST EIN GESUCH
ZUM BEISPIEL DENKT MAN BEI DER FRAGE
OB EINER DEN ANDEREN EHELICHEN WILL
ANS ANTRAGEN
DESHALB SPRICHT MAN AUCH VOM ANTRAG

IN VERGANGENEN ZEITEN HABEN SICH VERMITTLER
UM DAS ANTRAGEN BEMÜHT

EIN BEGEHR ÄUSSERN IST ANTRAGEN

TRINKEN

TRINKEN KÖNNEN WIR SCHON ALS REFLEX
WENN DER SÄUGLING DIE MUTTERBRUST SPÜRT

AUCH TIERE REAGIEREN AUF ZITZEN EBENSO
REFLEXARTIG

AUS DIESEM TRINKEN WIRD
DAS VORSÄTZLICHE BEWUSSTE AUFNEHMEN
VON FLÜSSIGKEITEN JEDER ART

ANTRINKEN VERLANGT BEI VIELEN GETRÄNKEN
DAS ENDGÜLTIGE LEEREN
SO MUSS EINE ANGETRUNKENE BIERFLASCHE
MIT KRONENVERSCHLUSS
GELEERT WERDEN
WEIL DIE KOHLENSÄURE ENTWEICHT
UND DAS BIER SCHAL WIRD

BEI BRAUSEN UND SELTERS IST MAN
DEM KOHLENSÄUREVERLUST NACH DEM
ANTRINKEN DURCH SCHRAUBVERSCHLÜSSE
BEGEGNET

WEINE DIE ANGETRUNKEN SIND
KIPPEN TROTZ WIEDERVERKORKUNG OFT
WEIL DER NATÜRLICHE GÄRSTOPP
BEI DER ORIGINALABFÜLLUNG
DURCH NEUEN SAUERSTOFF
UNTERBROCHEN WURDE

TRETEN

KÖRPERLICHES TRETEN VERLANGT
DAS BEWEGEN DER BEINE
OB ZUR FORTBEWEGUNG
ODER NUR ZUR AUF DER STELLE BEWEGUNG
IST DABEI EGAL

DAS AUF DER STELLE TRETEN HINGEGEN MEINT
DASS MAN SICH FESTGEFAHREN HAT
UND SOWOHL IN GEISTIGER EBENE ODER
AUF DER SOZIALEN EBENE DER KOMMUNIKATION
NICHT VORANKOMMT

AUCH IN GEFÜHLEN BEGEGNET EINEM
DAS AUF DER STELLE TRETEN
DANN SIEHT MAN KEINEN AUSWEG

BEIM ANTRETEN GIBT ES KEINE
MISSVERSTÄNDNISSE

ALLERDINGS KANN MAN ZWISCHEN
DEM ANTRETEN IN EINER ARMEE IN REIH UND GLIED
ODER EINER SPORTRIEGE NACH GRÖSSE
ODER DEM GEFORDERTEN ANTRETEN
DAS MEINT „KOMMEN ZUM RAPPORT"
EINEN ZUSAMMENHANG ERKENNEN

ICH KANN FREIWILLIG
ZU EINEM WETTKAMPF ANTRETEN ODER ABER
ICH HABE DAS ANTRETEN BEFOHLEN BEKOMMEN
AUF JEDEN FALL HABE ICH MICH
STARTBEREIT ZU HALTEN

WEISEN

MANCHMAL WEISEN SICH MENSCHEN
DURCH IHR HANDELN ALS SEHR KOMPETENT AUS
OHNE DASS ZEUGNISSE VORHER GEZEIGT WURDEN

VIELE MENSCHEN WEISEN EINE EMPHATHIE AUF
DIE UNABHÄNGIG VON ZEUGNISSEN UND BILDUNG
SIE ENTSTEHT IN LIEBENDEN HERZEN

VORGESETZTE SOLLTEN ANWEISEN DAMIT WENIGER
VERUNSICHERUNG ENTSTEHT

WER DAS ANWEISEN SCHEUT
DRÜCKT SICH VOR DER VERANTWORTUNG

ÄRZTE MÜSSEN GENAU ANWEISEN
WAS DAS PFLEGEPERSONAL AN MEDIKAMENTEN
AUSZUTEILEN HAT

ZAHLUNGSPFLICHTIGE WERDEN DIE BANK
ANWEISEN
DEN SCHULDIGEN BETRAG ZU ÜBERWEISEN

WERFEN

EIN BLICK IN DIE ZEITUNG WERFEN MEINT
NUR DAS BLÄTTERN UND FLÜCHTIGE SURCHSEHEN
ANGELN WERFEN KANN MAN ZUM FISCHEN
JEDOCH AUCH IM ÜBERTRAGENEN SINNE UM ZU
LOCKEN ODER FALLSTRICKE AUSZULEGEN
DIE UNS VORTEILE VERSCHAFFEN
DEN GRILL ANWERFEN LOCKERT DIE STIMMUNG
UND WECKT DEN APPETIT
IM HERBST ÜBERLEGEN WIR AB UND ZU
OB WIR DIE HEIZUNG SCHON ANWERFEN
WENN DIE TEMPERATUREN NOCH SEHR SCHWANKEN

DEN AUSSENBORDMOTOR AN SCHIFFEN
MÜSSEN WIR DURCH ANREISSEN ANWERFEN
CHAOTEN WOLLEN AUF SICH AUFMERKSAM
MACHEN – ABER HEIMLICH!
WAS DEN WIDERSINN ZEIGT
INDEM SIE FARBBEUTELL AN HÄUSER ANWERFEN
WERBUNG FUNKTIONIERT OFT
DURCH DAS ANWERFEN VON BILDERN
AN GROSSE AUSSENWÄNDE

WENDEN

DAS BLATT WENDET SICH
ERZÄHLT DASS SICH AUCH EINE SITUATION
DREHEN KANN

DIE FAKTEN KÖNNEN FÜR JEMAND
POSITIV ODER NEGATIV SEIN

MANCHE MENSCHEN WENDEN IHRE GESINNUNG
IMMER IN ANPASSUNG AN DEN MACHTAPPARAT

FÄHIGKEITEN UND FERTIGKEITEN
HABEN WIR ENTWICKELT UM SIE ANZUWENDEN

IM ANWENDEN VON ZIELGERICHTETEN
HEILVERFAHREN
BESTEHT DIE KUNST DES HELFENS BEIM GESUNDEN

DREHS UND TRICKS WERDEN GAUNER ANWENDEN
UM ARGLOSE MENSCHEN ZU BETRÜGEN

MUSKELKRÄFTE WERDEN WIR ANWENDEN
WENN WIR ETWAS ZU TRANSPORTIEREN HABEN

ERFAHRUNG UND ROUTINE
IST ERKENNBAR IMMER ERST
IN DER ANWENDUNG BESTIMMTER TECHNIKEN

WACHSEN

DIE FINGERNÄGEL WACHSEN SO STETIG
DASS SIE GESCHNITTEN WERDEN MÜSSEN
EBENSO DIE FUSSNÄGEL

BEI HAAREN GIBT ES FÄLLE
WO DAS WACHSEN NICHT MEHR FUNKTIONIERT
UND MENSCHEN EINE GLATZE TRAGEN
NICHT ALS MODEEFFEKT

SCHULDEN WACHSEN IN UNERMESSLICHE HÖHE
WENN ICH MEINE AUSGABEN
NICHT IM AUGE BEHALTE

TUMORE WACHSEN ALS TODBRINGENDE
RAUMERWEITERUNG WENN SIE NICHT BEHANDELT
WERDEN

ANWACHSEN MÜSSEN UMGETOPFTE PFLANZEN
UND ABLEGER

BLEIBT JEMAND WIE ANGEWURZELT
PLÖTZLICH STEHEN
RUFT OFT DER BEGLEITER
WILLST DU DORT ANWACHSEN

ZINSEN AUS GUTHABEN SOLLEN STETIG
ANWACHSEN DAMIT DAS GUTHABEN WÄCHST

WERBEN

BEIM WERBEN ZEIGEN TIERARTEN OFT
BESONDERS SCHÖNE FARBEN
ANDERE TANZEN VOREINANDER
MANCHE TIERARTEN WERBEN
DURCH MACHTKÄMPFE

ALLE PRODUKTERZEUGER WERBEN UM KUNDEN
IN DEN VERSCHIEDENSTEN MEDIEN
WERBEN MÖCHTE AUFMERKSAMKEIT DURCH
DAS BESCHREIBEN BESONDERER EIGENSCHAFTEN
ODER VON PREISVORTEILEN BEI DEN POTENTIELLEN
KÄUFERN ERZEUGEN

ANWERBEN ABER HEISST MENSCHEN FÜR EINE
BESTIMMTE TÄTIGKEIT ZU GEWINNEN

SO WERDEN SOLDATEN ODER SEELEUTE
ANGEWORBEN

AUCH LESEGRUPPEN KANN MAN ANWERBEN

ZWINKERN

DAS AKTIVE ZWINKERN KANN NUR
VOM MENSCHEN ANGEWANDT WERDEN
ES IST IMMER MIT EINER BESTIMMTEN ABSICHT
VERBUNDEN

WENN EIN HEIMLICHES ZWINKERN
ALS INFORMATIONSAUSTAUSCH
ZUM BEISPIEL BEI PRÜFUNGEN
ODER BEIM GLÜCKSSPIEL EINGESETZT WIRD
KANN DAS ZU GROSSEM ÄRGER FÜHREN

ANZWINKERN IST NUR GEGENÜBER KINDERN
ZUR KONTAKTAUFNAHME ERLAUBT
ABER NIE MIT BÖSER ABSICHT ZU VERBINDEN

IM ERWACHSENENBEREICH SOGAR UNANSTÄNDIG
UND UNERLAUBT

ZIEHEN

WENN DIE SCHMERZEN DURCH DEN KÖRPER ZIEHEN
IST UNSER LEISTUNGSVERMÖGEN
SEHR EINGESCHRÄNKT

ZAHNÄRZTE ZIEHEN
NICHT MEHR SANIERFÄHIGE ZÄHNE

WIR ZIEHEN LICHTERKETTEN
IN DER VORWEIHNACHTSZEIT VON BAUM ZU BAUM
UM UNS IN DER DUNKLEN ZEIT MIT MEHR LICHT
ZU UMGEBEN

DAS ANZIEHEN
IST NICHT NUR AUF KLEIDUG ZU BEZIEHEN

ANZIEHEN KÖNNEN UNS BESTIMMTE TIERE
ODER AUCH UNS SYMPATHISCHE MENSCHEN

DASS MAGNETE EISENSPÄNE
ODER PLATTEN ANZIEHEN WEISS JEDER

AUCH BESONDERS BEGABTE REDNER
KÖNNEN MENSCHENMASSEN ANZIEHEN
WIE KÜNSTLER IN VERSCHIEDENSTEN METIERS
BEWUNDERER ANZIEHEN

ZAHLEN

DAS WIRST DU MIR ZAHLEN

IST EINE DEUTLICHE DROHUNG

ODER

ICH ZAHLE DIR DAS HEIM

ZAHLE ERST

DANN REDEN WIR ÜBER NEUE GESCHÄFTE

DU MUSST SOFORT ZAHLEN IST EINE KLARE ANSAGE

ANZAHLEN IST EINE WICHTIGE ERÖFFNUNG
EINER GEGENSEITIGEN GESCHÄFTSBEZIEHUNG

IN EINER GASTSTÄTTE KANN ICH MEINE RECHNUNG
NICHT ANZAHLEN

EBENSO WIR EIN TICKET FÜR EIN KULTUREVENT
NICHT ANGEZAHLT WIRD
ANZAHLEN IST VORLEISTUNG
UM EINE LEISTUNGSPFLICHT ZU ERREICHEN

ZAPFEN

ZUM ZAPFEN BRAUCHT MAN VORRICHTUNGEN
DIE EIN GETRÄNK DURCH EINE SCHANKANLAGE
IN GLÄSER FÜLLEN KÖNNEN
UND MEIST MIT KOHLENSÄURE DABEI ANREICHERN

DIE FÄSSER MUSS MAN ZUVOR ANZAPFEN
DAMIT DURCH DAS ENTSTANDENE LOCH
DAS BIER IN DIE ROHRLEITUNG
ODER DIREKT INS GLAS FLIESSEN KANN

IM ÜBERTRAGENEN SINN GIBT ES AUCH ANZAPFEN
WIE ZUM BEISPIEL KINDER
DAS GELDFASS IHRER ELTERN ANZAPFEN

UNEHRLICHE FREUNDE KANN MAN BEOBACHTEN
WIE SIE DIE GELDBÖRSE REDLICHER ANZAPFEN

ZÜNDEN

ZÜNDEN MÜSSEN IDEEN DAS HEISST
SIE MÜSSEN EIN HANDLUNGSFEUER ENTFACHEN
UND TRIEBKRAFT SEIN

ZÜNDEN MÜSSEN AUCH GASLATERNEN
ODER GASBRENNER WENN DER FUNKE SPRÜHT

MODERNE HEIZUNGEN SIND AUF SOLCHES ZÜNDEN
ANGEWIESEN

SELBST DAS AUTO BRAUCHT DEN FUNKEN
UM ZU ZÜNDEN
UM DIE TRIEBKRAFT DES TREIBSTOFFS ZU NUTZEN

ADVENTSZEIT WIRD DURCH DAS ANZÜNDEN
DER WOCHENKERZEN
IN EINE SICHTBARE ZEIT VERWANDELT

NICHT NUR DIE HEIZÖFEN MÜSSEN WIR ANZÜNDEN
AUCH ZIGARETTEN   ZIGARREN
UND KERZEN AUF DEM TISCH

FEUERZANGENBOWLE IST DURCH DAS ANZÜNDEN
DES ÜBERGOSSENEN SPRITS-ZUCKERHUTS
SO GEHEIMNISVOLL

IN RESTAURANTS LEUCHTEN VIELE AUGEN
WENN DURCH ANZÜNDEN AM TISCH
FLAMBIERT WIRD